TRANSCENDENDO AS NEUROSES
Relação Pais & Filhos

Editora Appris Ltda.
1.ª Edição - Copyright© 2024 da autora
Direitos de Edição Reservados à Editora Appris Ltda.

Nenhuma parte desta obra poderá ser utilizada indevidamente, sem estar de acordo com a Lei n°
9.610/98. Se incorreções forem encontradas, serão de exclusiva responsabilidade de seus organi-
zadores. Foi realizado o Depósito Legal na Fundação Biblioteca Nacional, de acordo com as Leis n°s
10.994, de 14/12/2004, e 12.192, de 14/01/2010.

Catalogação na Fonte
Elaborado por: Josefina A. S. Guedes
Bibliotecária CRB 9/870

T932t	Turci, Vania Maria Transcendendo as neuroses: relação pais & filhos / Vania Maria Turci. – 1. ed. – Curitiba: Appris, 2024. 97 p. ; 21 cm. ISBN 978-65-250-6500-7 1. Relação pais e filhos. 2. Personalidade - Desenvolvimento. 3. Aprendizado e estimulação. I. Turci, Vania Maria. II. Título. CDD - 306.87

Livro de acordo com a normalização técnica Vancouver

Appris
editora

Editora e Livraria Appris Ltda.
Av. Manoel Ribas, 2265 – Mercês
Curitiba/PR – CEP: 80810-002
Tel. (41) 3156 - 4731
www.editoraappris.com.br

Printed in Brazil
Impresso no Brasil

Vania Maria Turci

TRANSCENDENDO AS NEUROSES
Relação Pais & Filhos

Curitiba, PR
2024

FICHA TÉCNICA

EDITORIAL	Augusto V. de A. Coelho
	Sara C. de Andrade Coelho
COMITÊ EDITORIAL	Marli Caetano
	Andréa Barbosa Gouveia (UFPR)
	Edmeire C. Pereira (UFPR)
	Iraneide da Silva (UFC)
	Jacques de Lima Ferreira (UP)
SUPERVISORA EDITORIAL	Renata C. Lopes
PRODUÇÃO EDITORIAL	Bruna Holmen
REVISÃO	Daniele Marchiori
DIAGRAMAÇÃO	Amélia Lopes
CAPA	Lívia Costa
REVISÃO DE PROVA	Bruna Santos

Às minhas filhas, Raquel e Carolina,
que sempre me incentivaram a escrever.

Aos meus netos, Giovanna, Kelvin, Melory,
Isabela, Rebeca, Lucas e Rafael, que são minha luz.

Aos meus pais, que sempre me mostraram
a melhor estrada e como andar por ela.

PRIMEIRAS PALAVRAS

Buscando resposta para o comportamento não inteligível entre pais e filhos, veio-me o momento da concepção.

Acredito eu ser um momento mágico, em que o espírito e a matéria encontram-se e conectam-se para formarem um "ser único". Mas como entender esse fato tão inacreditavelmente misterioso, o qual é a essência do ser, sendo o âmago da alma humana?

Vivenciando as atitudes de minhas filhas e dos filhos de meus amigos em relação a nós, pais, é que decidi realizar este estudo. Pensei na maneira como os pais atuam na educação de seus filhos e, principalmente, nas dificuldades encontradas nessa empreitada.

No entanto, percebi que o conteúdo deste material pode ser útil também para professores, educadores e profissionais que trabalham com a criança e/ou com a família, servindo como leitura indicativa para orientação de pais.

Este livro é voltado para o desenvolvimento saudável da criança e sua interação com os pais, irmãos e parentes, o que denominei de "relação interfamiliar".

Para ilustrar de maneira bastante clara, descrevo o desenvolvimento da criança em várias etapas, como: desenvolvimento motor, cognitivo e da linguagem. Essas etapas aparecem determinadas pelo comportamento da criança e não pela idade cronológica, observando-se as diferenças individuais, que variam de criança para criança.

Este estudo não tem um embasamento teórico único. É o resultado de observação e reflexão pessoais de várias linhas teóricas e da vivência com várias famílias, traduzidas para uma realidade mais prática.

Procurei utilizar palavras simples, suavizando o conteúdo, retirando termos técnicos que pudessem comprometer o que desejava transmitir, tornando a leitura mais agradável e mais compreensível.

O conteúdo é apresentado de forma descritiva, mas em alguns momentos analisei, discuti, sugeri e indiquei alguns pontos. Também foram mencionados casos reais, nos quais utilizei a nomeação figurada de personagens, como "Amélia" e "João".

É importante salientar que o conteúdo deste livro é baseado na nossa realidade e numa população tipicamente brasileira, em seu aspecto político, social, econômico e educacional, vivenciada por pessoas de classe média e média alta, visto que são essas, em grande maioria, que chegam até a mim nas empresas ou na escola.

A pretensão deste livro é permitir que sejam lançadas algumas ideias que considero importantes sobre a relação pais e filhos. Trata-se apenas de uma introdução sobre o assunto, visto sua complexidade e as diferentes experiências e formas de ver o mundo, mas espero que ele possa ser utilizado como parâmetro, gerando debates e reflexões, no intuito de ampliar o conhecimento sobre o tema tão vasto que é a família.

SUMÁRIO

CAPÍTULO I
INTUIÇÃO – O MOMENTO DA CONCEPÇÃO......11

CAPÍTULO II
DANDO À LUZ......13

CAPÍTULO III
INFLUÊNCIAS DO PASSADO INTERFEREM NO PRESENTE......20

CAPÍTULO IV
INFLUÊNCIAS EXTERIORES – COMO LIDAR COM ELAS
ENQUANTO BEBÊ......27

CAPÍTULO V
DESENVOLVIMENTO MOTOR: O JOGO DOS MOVIMENTOS......34

CAPÍTULO VI
DESENVOLVIMENTO DA LINGUAGEM: LIDANDO
COM AS PALAVRAS......47

CAPÍTULO VII
O DESENVOLVIMENTO COGNITIVO: JOGOS DA INTELIGÊNCIA......57

CAPÍTULO VIII
INICIANDO O JOGO DAS NEUROSES......67

CAPÍTULO IX
MUDANÇA DA DINÂMICA FAMILIAR COM
A CHEGADA DOS FILHOS......75

CAPÍTULO X
RELATOS DE PESQUISAS E ESTUDOS 81

REFERÊNCIAS 86

CAPÍTULO I

INTUIÇÃO – O MOMENTO DA CONCEPÇÃO

A maternidade é um momento existencial de extrema importância na vida da mulher, assim como transforma toda a família, podendo dar a ela a oportunidade de atingir novos níveis de integração e desenvolvimento da personalidade.

Sobretudo, é durante a gravidez que ocorre a formação do vínculo mãe e filho, e a reestruturação da esfera de intercomunicação da família. É o que podemos chamar de ponto inicial de um novo equilíbrio dinâmico na unidade familiar.

A grande maioria de mães com as quais eu tive oportunidade de manter um debate têm consciência plena do momento da concepção, conseguindo precisá-lo. Ou seja, o momento em que a mulher está ovulando, preparada para a recepção do espermatozoide que fecundará o óvulo.

Em contrapartida, existem mães que não conseguem sequer perceber esse momento. Há outras que só adquirem a consciência de que estão grávidas lá pelo segundo ou terceiro mês da gestação. São variáveis de comportamento que dependem única e exclusivamente da percepção individual, do momento que se está vivenciando, independentemente de fatores culturais, econômicos e religiosos.

A grávida passa, então, pela transição do papel de esposa para o de mãe, verificando-se, dessa forma, certa mudança de identidade, alterando-se a rede de intercomunicação familiar.

Dependendo do momento, essas mães podem ou não estarem preparadas para a gravidez. Assim, pode haver demonstração de euforia, de êxtase, de prazer, de satisfação, ou de tristeza, de rejeição, de insatisfação, de vergonha.

Essa mudança é muito complexa e não se restringe apenas às variáveis psicológicas e bioquímicas, ela também sofre a influência de fatores socioeconômicos, culturais e religiosos, acarretando consequências significativas.

Durante a gestação, a mãe passa para o bebê suas emoções, podendo ser boas ou não boas, influenciando dia a dia em sua formação, até o nascimento.

CAPÍTULO II

DANDO À LUZ

O parto pode ser considerado um momento crítico por várias razões: ele é sentido como uma situação de passagem de um estado para outro, e a principal característica é a irreversibilidade, ou seja, é uma situação que precisa ser enfrentada de qualquer forma.

A ansiedade e a insegurança aumentam à medida que o parto se aproxima, geradas pela incapacidade de saber exatamente como ele será. Ele passa a ser vivenciado como "um salto no escuro, um momento imprevisível e desconhecido", que não se pode controlar.

Se fizermos uma comparação, percebemos que há um grande contraste entre o parto e a gravidez. A segunda tem evolução lenta e permite que as mudanças sejam vividas e assimiladas gradualmente. Já o parto é um processo rápido e abrupto, que introduz mudanças intensas e imediatas. Há uma nova transformação no corpo da mulher. Sua evolução é muito rápida se comparada com as modificações graduais da gravidez.

O REFLEXO DO BEBÊ

A maior preocupação das mães (dos pais) no momento do nascimento é se o bebê é saudável. Uma das maneiras de perceber é por meio do choro. Logo após o bebê passar por uma avaliação inicial de outros comportamentos, esse indicativo será ou não confirmado. Passando-se as primeiras semanas, ou meses, alguns reflexos serão inibidos, outros serão substituídos por movimentos mais voluntários, e outros serão mantidos por toda a vida.

Estando o bebê constituído de seus reflexos primários, é possível facilitar o seu processo de aprendizagem com exercícios mais intencionais e direcionados do que o meio externo por si só pode lhe oferecer. Por exemplo, por volta do segundo ou terceiro mês, se a mãe colocar um objeto nas mãos do bebê para que ele o segure, a princípio podemos observar que os movimentos serão involuntários e que esse objeto certamente cairá. À medida que a mãe repete esse treinamento (semanas ou meses), a criança passará de um movimento involuntário para um movimento voluntário, até ter o controle total, isto é, reter o objeto o tempo que quiser.

Nesse ponto, torna-se mais evidente a aprendizagem da criança, que nesse caso seria mais força, resistência, mobilidade e habilidade dos braços, mãos e dedos. A criança começa a sentir e descobrir o seu corpo por intermédio de seus movimentos, o que passa a provocar uma satisfação ou uma sensação bastante agradável.

Outro exemplo seria o de colocar a criança, por volta dos seis meses, no andador. A princípio, movimentos involuntários acontecerão, de modo que o bebê possa até mesmo ficar irritado. Conforme a mãe insiste em colocá-lo no andador e a incentivá-lo a andar para ir ao seu encontro, esses movimentos passarão de involuntários para voluntários, permitindo ao bebê chegar até ela, ocasionando uma imensa satisfação, que na maioria das vezes é esboçada com um grande sorriso. Assim, torna-se mais evidente a aprendizagem da criança, com mais força, resistência, mobilidade e habilidade dos braços, mãos e dedos, pernas e pés. A criança começa a sentir e a descobrir o seu corpo por meio dos movimentos, o que lhe traz satisfação ou uma sensação bastante agradável.

Cada criança tem seu próprio momento, uma maneira e um tempo único de aprender. Não se deve forçar uma criança antes que ela possa responder com tranquilidade aos estímulos apresentados. O excesso de estímulos pode causar irritabilidade emocional, podendo trazer consequências para o futuro.

A CHEGADA DO BEBÊ AO LAR

O nascimento do bebê traz alterações significativas na rotina familiar, nem sempre previstas com antecedência. E sua chegada ao lar requer substancial organização da vida e da rotina, podendo ser vista, muitas vezes, como uma invasão – são cerca de três quilos de gente transformando e revolucionando tudo.

É aconselhável que o pai tire férias quando do nascimento do bebê. Dessa forma, ele pode colaborar, vivenciar e sentir as dificuldades da esposa, agora também mãe, ajudando-a e confortando-a nesse momento. É um processo de renovação, de consolidação da amizade, de generosidade, de cumplicidade e de amor pela esposa e pelo filho.

A maior felicidade e garantia de uma vida tranquila, saudável e feliz da criança é ter os seus pais esclarecidos sobre como criá-la e educá-la acertadamente, com harmonia, amor e dedicação. É justamente essa a finalidade deste livro.

IMPORTÂNCIA DA AMAMENTAÇÃO

O primeiro contato com o mundo externo é bastante aterrador para o bebê. Porém, é de fundamental importância que ele se sinta o mais confortável possível nesse momento. Uma maneira mais amena de lidar com isso é o contato com a mãe, e o contato social mais preponderante para ele é a amamentação. É quando ocorre uma interação da criança com a mãe na forma de alimentação, ou seja, suprir o seu primeiro e mais crucial instinto de sobrevivência, a fome. É algo sublime, é um momento de comunhão, de interação da mãe com seu filho. É simplesmente um ato de total e pura doação, um momento mágico em que a mãe consegue passar para seu filho não somente a alimentação por meio do seu leite, do colostro e de inúmeras substâncias benéficas à saúde física do bebê; é ainda maior a importância do contato físico em si, o calor que a mãe passa para seu bebê, o carinho, a energia que ela emana, suas emoções, o amor incondicional, a segurança.

Enfim, nesse momento, que transcende o que é palpável, é transmitida pela mãe ao seu filho toda a essência do seu ser, alimentando também o seu espírito. Em síntese, a criança nasceu para alimentar-se no seio materno. E as vantagens do leite humano sobre outro alimento são incontáveis: o colostro, o cálcio na proporção adequada, a higiene, a temperatura, a facilidade, entre outras.

Por melhor que seja o processo artificial de alimentação para o bebê, nenhum se sobrepõe à alimentação natural. Ao dar à luz, a mãe toma a decisão de como alimentar seu bebê, quer seja com alimento natural ou não, muitas vezes não dependendo exclusivamente do seu ponto de vista. Também há fatores sociais, econômicos e educacionais, além de problemas fisiológicos, como a não produção do leite ou até mesmo fatores antiinstintivos.

SENSAÇÕES AGRADÁVEIS

Procurei colocar em evidência a sequência em que tais comportamentos aparecem. Essas observações são de fundamental importância para que pais e educadores compreendam como se processa o desenvolvimento sequencial em cada etapa e qual o seu papel no comportamento dessa "relação inter familiar". É um processo de aprendizagem, em que serão retidas informações para o desenvolvimento da criança, sofrendo influências que serão responsáveis para o seu futuro. Dessa forma, alguns cientistas preferem avaliar essa relação inter familiar como um processo de maturação (mudanças orgânicas e neurofisiológicas) interagindo com a prática.

Quando a criança percebe os seus movimentos, ela fica eufórica, feliz, satisfeita. Essa satisfação e essa alegria aparecem claramente nos olhos de uma criança quando ela começa a dar os primeiros passos, quando joga uma bola do berço ao chão, quando controla os seus movimentos. A aprendizagem desses movimentos, por sua repetição contínua, culmina com a sua internalização, que, por sua vez, facilitará a externalização (transferência) em outras formas de ação, ou seja, a partir do momento em que segurar a bola não for mais novidade e a satisfação não for tanta, ela começará a jogá-la mais longe, iniciando uma nova descoberta, que produz uma nova sensação e uma nova satisfação, e assim por diante.

Pelos órgãos do sentido, vai se repetir o mesmo processo, isto é, quando a criança começa a movimentar os olhos e fixá-los em algum objeto ou ponto, o campo visual aumenta e inicia-se a retenção de imagens e o acúmulo de experiências que constitui a aprendizagem. Isso tudo lhe traz satisfação e a busca da descoberta contínua. Pouco a pouco ela começa a perceber e a diferenciar os sons: a batida de uma porta, a voz da mãe e a do pai, o barulho da própria sucção.

O acúmulo de experiências aumenta. O paladar vai se refinando, partindo do leite materno, e conforme experimenta novos sabores, como sopa, suco, fruta, etc., vai definindo o que irá rejeitar ou aceitar conforme o que lhe dá mais prazer e satisfação. Nos primeiros contatos com o corpo e os seios maternos, experimenta as primeiras satisfações táteis do meio externo. As sensações de temperatura (calor do corpo da mãe, temperatura do leite) começam a ser diferenciadas por meio dos lábios e mãos (mão no seio e rosto), o olfato passa a ser estimulado e começa a perceber o cheiro da mãe, do leite e, posteriormente, dos alimentos.

O processo de aprendizagem baseia-se na internalização, em que a criança retém informações e sensações e elabora-as mentalmente, o que possibilita uma externalização com nova qualidade, que leva a uma nova internalização, e assim sucessivamente, tornando o processo dinâmico e vivo. Essa continuidade está intimamente ligada à satisfação que isso produz na criança, impulsionando-a cada vez mais a novas descobertas, novos movimentos e novas emoções.

A INSATISFAÇÃO

A insatisfação ou sensações desagradáveis inibem certos comportamentos que a criança apresenta. Tanto a satisfação como a insatisfação acontecem também ao nível psicológico, podendo ser muito ou pouco traumatizante. Então, dependendo de como for feita a inibição, pode haver um bloqueio que talvez reflita na aprendizagem e na busca de novas descobertas. O que geralmente acontece quando um bebê tem uma sensação desagradável é que a mãe reage para inibir essa sensação. Por exemplo: se a criança chora, demonstrando uma insatisfação, e a reação mais comum da mãe é colocar imediatamente a chupeta na boca do bebê, segurá-lo e andar rapidamente, embalando-o bruscamente no colo e dizendo: "Não chora, não chora, filhinho"; ou se a mãe, insatisfeita com o choro do bebê, reagir verbalizando essa insatisfação — "Cala a boca! Como você enche! Você só chora! Toma aqui o seu leite e pare de chorar!", nas duas situações, podemos observar que as mães estarão transmitindo com maior ou menor intensidade sensações desagradáveis, refletindo a sua insatisfação e também a da própria criança, como um espelho.

Além disso, podem ser transmitidos sentimentos de insegurança e ansiedade da mãe pela forma sua de embalar, segurar, caminhar e falar. Isso pode causar um bloqueio e afastar a criança de um crescimento saudável, pois estará aprendendo, nessa relação com a mãe, a sentir medo, insegurança, ansiedade, ou seja, sensações desagradáveis.

Para melhor compreensão, classificarei o mundo da criança em dois tipos:

A – SATISFAÇÃO
B – INSATISFAÇÃO

No mundo da criança existe tanto satisfação quanto insatisfação. A diferença está no predomínio de cada uma delas. No mundo "A", a satisfação preenche maior espaço do que a insatisfação. No mundo "B" ocorre o inverso. A dinâmica básica desse mundo é que a satisfação aparece quando uma insatisfação ou uma necessidade é ou está sendo solucionada. A satisfação e a insatisfação aparecem das necessidades vitais da criança: fome, sede, sono, silêncio, necessidade da presença da mãe, de ser trocada, de liberdade de movimentos, etc.

TRANSCENDENDO AS NEUROSES: RELAÇÃO PAIS & FILHOS

Essas necessidades podem ser solucionadas ou não, em espaços de tempo maiores ou menores, o que determinará em que mundo a criança estará aprendendo a viver. No capítulo seguinte, veremos como os comportamentos da mãe influenciam o comportamento do filho e discutiremos um pouco sobre a ligação afetiva inicial.

CAPÍTULO III

INFLUÊNCIAS DO PASSADO INTERFEREM NO PRESENTE

No jogo das relações familiares, as ações e reações da mãe são de primeira importância na inter-relação com o recém-nascido. A "ligação afetiva" inicial influenciará o desenvolvimento do bebê. Mas o que é essa "ligação afetiva"? Como ela se processa? Qual a influência da mãe na formação dessa ligação?

Antes de começar a descrever e a discutir a "ligação afetiva", é interessante descrever comportamentos de uma mãe nos cuidados com o seu bebê em relação ao seu mundo. Observando esses comportamentos, poderia selecionar alguns de maior importância para responder às perguntas supracitadas. Diretamente relacionados com a "relação afetiva", há alguns comportamentos da mãe mais facilmente observáveis, como: maneiras de segurar, conversar e embalar o bebê; maneiras de reagir a situações esperadas e inesperadas. Outros comportamentos da mãe não são tão fáceis de se observar à primeira vista nem de relacioná-los com a sua origem. Estou falando de sentimento de rejeição, decepção, frustração, adaptação e insegurança em relação ao bebê.

Quanto aos comportamentos do bebê em relação ao seu mundo, há comportamentos que expressam necessidades fisiológicas básicas e necessidades psicológicas. Esses comportamentos se expressam por choro, sorriso, movimentos, sono, alimentação e eliminação de resíduos (fezes, urina e processos respiratórios e sudoríparos).

Enquanto os comportamentos da mãe vão ao encontro das necessidades do bebê, desenvolve-se um elo afetivo e aparecem reações de satisfação do bebê. Ao contrário, quando os comportamentos dela não vão ao encontro do que o bebê precisa, ele esboça outras reações e um diferente elo afetivo será formado.

Outro fator que determina essa ligação afetiva é o preparo da mãe, ou seja, se ela foi ou está sendo orientada, se é mãe pela primeira vez ou se já teve essa experiência anteriormente. Existe a possibilidade de algumas mães serem predispostas, em função de sua formação e de seus modelos anteriores, a reagirem de alguma forma a situações que envolvam a maternidade. Poderíamos dizer que existem ideias interiorizadas que configuram um "modelo de mãe" e essas mulheres, quando "mãe", terão ações parecidas ou até mesmo idênticas a esse modelo. E também há sombras enraizadas, que se constituem em fantasmas do passado e atuam no estado presente de "ser mãe".

A seguir, tentarei exemplificar. Para isso, irei exagerar nas atitudes e nas características dos tipos de mães e nas consequências para o filho, a fim de compreender didaticamente o que chamo de "fantasmas". Mas faço a ressalva de que tive contato, em alguns casos reais, com alguns desses comportamentos e dessas consequências aqui descritas.

"O FANTASMA DA MÃE SUPERPROTETORA" E SUAS INFLUÊNCIAS

Os fantasmas do passado na mãe podem se constituir em diversas sombras. Uma delas é o "fantasma da mãe superprotetora". Sua ação atinge momentos de possessão, deslocando-se da dominação para a inibição. A consequência imediata é a dificuldade do filho de assumir as suas responsabilidades. Essa criança pode sentir-se insegura quanto aos seus passos e ter dificuldade de adaptação em diferentes situações.

As atitudes desse tipo de mãe expressam-se em condutas como: não deixar o filho fazer "nada sozinho"; um excessivo cuidado com o que pode acontecer; tudo é colocado ao alcance da criança, não sendo necessária uma busca de suas satisfações. A criança acaba tendo dificuldade de tomar iniciativas e adquirir defesas psicológicas.

"O FANTASMA DA MÃE INSEGURA"

Outra sombra é o "fantasma da mãe insegura", oriunda da própria personalidade da mãe ou de sua inexperiência sem uma orientação adequada, trazendo como consequências dificuldades em tomar decisões concretas, sempre procurando ajuda externa — pediatra, uma vizinha e sua própria mãe, que serão para ela "modelos de segurança" — por menor que seja o problema. Além disso, a propaganda de remédios, vitaminas e medicamentos em geral são veículos eficazes para controlar o seu comportamento e levá-la a adquiri-los, mesmo sem necessidade.

Para tentar banir esse fantasma, essa mãe seguirá à risca as recomendações fornecidas, o que lhe trará sensação de alívio, mas ela pode não perceber as reais necessidades do bebê e/ou ter dificuldade de tomar decisões seguras.

"O FANTASMA DA MÃE SÉRIA"

No "fantasma da mãe séria", suas ações estarão enraizadas em uma busca pelo perfeccionismo. A mãe não aceita seus erros e está sempre se questionando e se julgando por seus atos, o que a torna escrava de suas próprias atitudes. Com isso, irrita-se devido à insegurança entre optar pelo "certo ou errado".

A primeira impressão que ela causa nos círculos sociais é a de que é uma pessoa fechada. Preocupada constantemente com a alimentação (será a quantidade adequada? – pergunta-se) e com o horário, acaba não respeitando os horários biológicos e as necessidades fisiológicas, e o contato afetivo com o bebê torna-se racionalizado.

"O FANTASMA DA MÃE FRUSTADA"

No "fantasma da mãe frustrada", a mãe sente-se frustrada por não conseguir realizar-se pessoalmente e vive numa profunda insatisfação. Para mascarar sua realidade, ela busca na vida dos filhos todas as oportunidades que não conseguiu realizar. Ela pressiona a criança para aprender a tocar piano, a falar inglês, a dançar balé, etc. Ela quer que o filho seja sempre o melhor de sua classe e fala constantemente, citando exemplos, dos seus dotes. Isso leva a criança a adquirir a identidade da mãe, dificultando sua procura pelo seu próprio "Eu" e da própria personalidade.

"O FANTASMA DA MÃE AUSENTE"

No "fantasma da mãe ausente" encontramos a origem da "ausência" pela insatisfação com o seu casamento. Essa mãe não define objetivos nem aspira ideais. Parece não gostar de nada e tem a característica particular de viver constantemente irritada e aparentemente preocupada. Ela acha que faz muito em troca de nada, que trabalha demais. Tudo lhe dá trabalho e é difícil. Parece não gostar de nada, nem mesmo do filho. Para chamar a atenção, está sempre com dor, dando a impressão de sentir sintomas físicos reais.

A consequência será a rejeição do casamento e do próprio filho. Como a mãe não consegue demonstrar calor, carinho e afeto, a criança pode aprender a não receber nem dar amor. Traduzindo, esses comportamentos podem trazer consequências para o filho, como dificuldade em se relacionar socialmente e constituir relações afetivas seguras.

"O FANTASMA DA MÃE CIUMENTA"

O "fantasma da mãe ciumenta" tem como características a possessão e o egoísmo. Ela é a "dona" de seu filho. A impressão é que ela tem seu filho sob o seu poder, como se fosse um objeto. Esse ciúme existe também em relação ao marido. Ela tem a frequente preocupação com a possibilidade de ser "traída", e para livrar-se desse pensamento faz longos interrogatórios. Também tem como característica as superstições. O relacionamento com o filho é bloqueado pelo ciúme. Ela acredita que o ama por sentir ciúmes, sendo este que mantém a atenção em relação ao filho e o elo afetivo torna-se imperceptível para a criança.

Os relacionamentos sociais da criança são inibidos por conta da possessão da mãe. A reação da criança da criança será provavelmente de revolta, que poderá manifestar-se de várias formas, sendo a birra a principal delas. Como ela sente que isso a defende do ciúme da mãe, suas reações tendem a tornar-se mais extremas. Ao mesmo tempo, ela não consegue constituir um relacionamento saudável com a mãe, pois o ciúme e a possessão tornam-se os elos centrais.

"O FANTASMA DA MÃE TRÁGICA"

O "fantasma da mãe trágica" tem como característica principal encontrar perigo em várias situações. Suas fantasias são voltadas para o imprevisível, em que alguma coisa trágica sempre pode acontecer. Para concretizar e justificar essas fantasias, ela procura, em veículos de comunicação, manter-se informada sobre tragédias, acidentes e acontecimentos que não deseja para o filho. Com essas atitudes, ela transmitirá ao filho suas fantasias sobre um mundo perigoso, projetando o seu medo sobre o trágico.

"O FANTASMA DA MÃE MALICIOSA"

O "fantasma da mãe maliciosa" tem como característica básica sublimar fantasias eróticas mediante comportamento aceito socialmente. O exemplo mais comum para substituir (sublimar) o erotismo é a obsessão ou o fanatismo pela religião. Quanto aos compromissos religiosos, seguem-se os horários rigidamente, procura presentear os membros de sua religião e doa-se em compromissos diversos.

Outra característica é a fofoca de defeitos alheios para justificar e esconder suas fantasias. Ela procura formas de não se deixar questionar pelos filhos e pelo marido por meio de reações do organismo, tais como dores, palpitações e outras, na tentativa de esconder os motivos reais. Ao mesmo tempo, ela busca ocupar-se em coisas que lhe tragam prazer.

O doar-se em atividades extras significa não se doar ao marido e à família. A impressão aparente é a de ser uma pessoa religiosa e de muito valor moral, mas, subjacente a isso, ela camufla suas insatisfações. Como consequência, o elo afetivo com o filho é prejudicado, pois ele não percebe claramente a verdadeira identidade da mãe e a insatisfação presente dificulta a sua busca por objetivos ideais.

"O FANTASMA DA MÃE PUNITIVA"

No "fantasma da mãe punitiva", o autoritarismo é uma característica. A mãe usa a punição como regra e a força física é quem dirige a balança, que pende sempre para o lado de sua razão, que a criança, por sua vez, não consegue entender. Ela pune por detalhes mínimos e nem pensa ou se questiona se poderia agir de outra maneira, pois seus atos estão provavelmente enraizados em sua própria educação, pois assim ela aprendeu e assim ela se comporta.

Como consequência dessa educação, podem aparecer no filho comportamentos de revolta generalizada, ódio e, dependendo do grau de punição, de submissão, configurando um quadro de sofrimento psicológico para a criança.

TENTATIVAS DE ELIMINAR AS INTERFERÊNCIAS

Vimos alguns tipos de comportamento da mãe em interação com os comportamentos do bebê. Essa interação formará um elo afetivo, que assume características próprias, variando conforme o modo como tal interação é configurada. A interação, por sua vez, é determinada, em parte, pelos modelos adquiridos na família e pelas experiências vividas em outros meios. Essas raízes constituirão um "modelo de mãe". Nesse modelo, estarão escondidos os fantasmas que se fazem presentes enquanto a mãe não encontra a solução de um problema ou de uma necessidade. E como afastar as sombras para eliminar os fantasmas?

O primeiro passo é desvendar "os fantasmas" existentes, e a atitude crítica em relação ao próprio comportamento poderá levá-la a descobrir suas sombras. Essa atitude crítica resultará em ações concretas, que irão em busca de um modelo de "mãe ideal". As características desse modelo de mãe ideal expressam-se em atitudes como: tomar decisões conscientes, apesar da margem de insegurança; deixar o filho assumir as responsabilidades ao invés de responsabilizá-lo por não as assumir; conscientizar o filho do perigo ao invés de proibir pelo medo que tem do perigo; estar presente no desenvolvimento do filho sem o superproteger, e não estar ausente a ponto de rejeitá-lo; adequar o carinho e as exigências conforme as situações; admitir as falas como decorrência do processo de busca de uma situação ideal; conseguir separar fantasias da realidade, traçando metas e buscando ideais; tentar entender o porquê de seu ciúme em vez de fazer dele o elo central da dinâmica familiar; deixar o filho percorrer e escolher seus próprios objetivos ao invés de traçar aqueles que ela nunca conseguiu atingir; buscar as soluções no diálogo em oposição a apenas provocar discussões e insatisfações.

Quando a mãe tenta compreender por que age de determinadas maneiras, ela consegue mudar seu comportamento. E à medida que muda, ela começa a perceber mudanças no comportamento do filho, que poderá passar de uma criança triste e chorona para uma criança alegre e saudável.

No capítulo seguinte falarei sobre modelos que podem influenciar de outras maneiras o comportamento da criança.

CAPÍTULO IV

INFLUÊNCIAS EXTERIORES – COMO LIDAR COM ELAS ENQUANTO BEBÊ

O desenvolvimento de uma criança é processado em determinados sentidos, quer seja ao nível neurológico, quer seja ao nível psicológico. No nível neurológico, no desenvolvimento do sistema nervoso, existem diferenças de maturação entre as áreas que o compõem. Exemplificando: sabemos que uma criança demora certo tempo para começar a falar. Por trás disso existe o córtex cerebral, área destinada à linguagem e à fala. Essa área tem uma direção a percorrer e leva certo tempo para "amadurecer".

Ao nível psicológico, também existem sentidos e direções. Exemplificarei usando a "personalidade" como tema. A criança também não nasce com uma personalidade formada, que se formará em sentidos orientados, num primeiro momento, pelos modelos dos pais. Esse sentido implica em certas necessidades e dificuldades que ela poderá enfrentar.

Em geral, os pais, intuitivamente, ao brincarem, conversarem e acariciarem o bebê, possibilitam e facilitam esse desenvolvimento. No entanto, cada bebê tem, em seu desenvolvimento, características próprias, que deveriam ser percebidas e respeitadas pelos pais, com o intuito de apresentarem e aproveitarem o potencial do seu desenvolvimento e não o dificultarem. Indo ao encontro desse processo, facilitando-o, há uma interação mais sadia e harmoniosa entre o seu pequeno mundo e o mundo externo, sendo o mundo que o rodeia.

Quando uma criança tem um desenvolvimento sadio e harmonioso, o resultado aparece na forma de maior resistência a doenças físicas (gripes, resfriados, etc.) e na recuperação mais rápida quando ela ficar doente. As doenças causam um grande incômodo à criança (insatisfação) e a busca de superá-lo reside na vontade de ver-se saudável (satisfação).

Por outro lado, a afirmação de que toda criança desenvolve-se por si só não é tão verdadeira, pois ela necessita do apoio e da ajuda dos pais (modelos) para satisfazer suas necessidades. Além disso, o desenvolvimento é intimamente ligado à interação pais-crianças, conforme já descrito anteriormente e sobre o que voltarei a falar em outros capítulos.

Outras atitudes dos pais, que não revestem de ajuda, constituirão em outros modelos. Por exemplo: qualquer atitude que leva à inibição desse desenvolvimento pode transformar-se em um bloqueio, trazendo maior ou menor dificuldade em seu desenvolvimento em curto, ou longo prazo.

QUANDO CRIANÇA – DECODIFICAÇÃO: A MENSAGEM CAMUFLADA

Algumas crianças buscam, quando estão com determinados sintomas, como dor de cabeça ou de barriga, dor nas pernas ou nas costas, aproveitar-se da situação para ganharem atenção (satisfação) sem que haja uma causa orgânica implícita. Esse comportamento pode ser indicativo de algum prejuízo ao nível psicológico, que as leva a agir dessa forma. Outras vezes, existe a causa orgânica real, explícita, e algumas crianças também se aproveitam disso para faltar à escola, por exemplo; ou seja, ela usa uma situação real (doença) como pretexto para uma vontade real: não ir à escola. Esse pretexto mascara uma necessidade interior da criança que, por medo de não satisfazer suas carências, exterioriza essa necessidade numa mensagem que precisa ser decodificada, esclarecida.

Quando os pais começam a perceber e a respeitar essa mensagem, decodificando-a com a criança, ela passa a emitir a necessidade real ao invés de camuflá-la com pretextos não reais. Além disso, no momento da queixa, os pais podem tentar descobrir o motivo que levou o filho a desistir de assistir à aula, no caso do exemplo citado. Ainda me utilizando desse exemplo, podemos imaginar vários motivos hipotéticos, como:

1. uma exigência qualquer no processo de aprendizagem na escola;

2. um conflito com um coleguinha;

3. porque a professora chamou-lhe a atenção de forma mais ríspida;

4. por ter que ficar algumas horas sentada e quieta e não falar ou brincar;

5. e, por fim, simplesmente por não querer ir à escola, que, nesse caso, seria a mensagem que os pais deveriam perceber e respeitar, para que a criança exprima, sem receio e sem bloqueio, a mensagem real: "Eu não quero ir à escola hoje porque não estou com vontade".

Quando os pais não buscam conhecer os motivos reais dos atos dos filhos (e no exemplo citado seria "a falta de vontade"), começam a dar atenção à queixa (enfatizando a dor) e a satisfazer uma necessidade não real. Então, visto que a criança aprende que, mediante mensagens camufladas, pode atingir seus objetivos, passa a usar isso em outras situações, com professores, amigos, parentes e círculos sociais. E isso, sendo reforçado pelos pais, pode favorecer a cristalização dessa aprendizagem, e ela passa a fazer parte da sua personalidade, levando a criança a não exibir seus desejos, vontades e necessidades reais, e até atos e palavras autênticas.

A IMITAÇÃO: OS ASPECTOS POSITIVOS

Por meio da imitação, a criança também aprende determinadas maneiras de se comportar ou de se relacionar, quer sejam adequadas ou não. É comum a imitação de comportamentos manifestados pelos irmãos perante os pais. Na escola ocorre o mesmo, ou seja, ela imita determinados comportamentos de outros alunos, assim como na rua, com as brincadeiras; tudo funciona como um jogo, em que os comportamentos que provocam satisfação são imitados. A imitação funciona tão bem que as crianças acabam imitando os próprios modelos adultos dos pais, professores e parentes.

Geralmente, quando os pais elogiam um filho por um comportamento adequado, há a possibilidade de que o outro filho imite o comportamento. Por exemplo, suponhamos que uma mãe esteja na sala, brincando ou assistindo televisão com seus dois filhos, e a hora de dormir estabelecida pelos pais se aproxima. Um dos filhos resolve tomar a iniciativa de deitar-se e a mãe ou o pai elogia-o de forma carinhosa. O outro filho, para também receber o elogio, pode imitar o comportamento do irmão e ir dormir. Essa interação proporcionada pela imitação provavelmente será bem aproveitada, pois, devido ao elogio, ir dormir sem os pais pedirem, sem rituais como contar histórias ou com pressões e punições, passa a ter uma conotação de satisfação.

A IMITAÇÃO: ASPECTOS NEGATIVOS

Os modelos de "comportamentos inadequados" dados pelos pais podem ser imitados pela criança. Para exemplificar, falarei de uma família cujo pai exibe comportamento autoritário em relação à esposa e aos filhos. Suponhamos que o pai assista cotidianamente ao telejornal das 20h. Nesse momento, ele exige que a mulher mantenha os filhos quietos. Na realidade, o pai controla o comportamento da esposa em relação ao barulho ou silêncio dos filhos. Dentro do seu autoritarismo é cômodo para esse pai mandar e o silêncio o satisfaz.

A execução dessa ordem é feita pela mãe que, submissa ao poder do marido, passa a assumir uma postura punitiva com os filhos. A mãe, por sua vez, tem receio de desafiar a ordem, e a consequência será o domínio da autoridade do pai sobre ela e os filhos. Para os filhos, resta submeter-se à submissão (como a mãe) ou apenas à ordem, saindo da sala e ocupando outro cômodo, outro lugar, pois se não se submeterem à ordem e fizerem barulho, serão punidos pela mãe ou, em última instância, pelo pai.

A se tornarem submissos, eles acabam interiorizando o comportamento da mãe (submissão ao poder) ou aprendendo o modelo do pai (o autoritarismo). Em outras palavras, há uma identificação com o comportamento do pai, pois ao imitá-lo, eles tornam-se tão "poderosos quanto ao pai". Resumindo, a criança passa a ser autoritária – além de assumir inúmeros outros comportamentos que, em conjunto, acabarão por defini-la como autoritária.

Esses comportamentos poderão ser exibidos em outras situações (se a situação permitir) e será comum observá-los no relacionamento do filho com colegas, irmãos, primos, etc. Na escola, ele imita o que aprendeu e "deda" o colega por estar fazendo barulho (que foi o modelo que o pai proporcionou ao mandar a "mãe fazer as crianças ficarem quietas"), pois o barulho em sala de aula não é permitido, assim como não lhe é permitido durante o telejornal. A professora pode, por sua vez, chamar a atenção do colega (que é o mesmo modelo que a mãe exibe em função do autoritarismo do pai). Ao chamar a atenção do colega, a professora gratifica o comportamento do aluno dedurar (assim como o pai é gratificado por ter o poder sobre o silêncio).

ADULTO: IDENTIDADE *VERSUS* PERSONALIDADE

Tornar-se adulto não significa somente adquirir certa idade ou realizar coisas que antes não realizavam. Significa também formar opiniões, juízos e, principalmente, formar uma personalidade.

A formação da personalidade é um processo que se inicia desde cedo, desde o momento em que a criança começa a conhecer o mundo, a interpretá-lo e a sentir e agir conforme os valores que estão sendo interiorizados.

Quando uma criança começa a se expressar de forma mais convicta, demonstrando saber o que deseja e quais são as suas vontades, mediante expressões do tipo: "Eu não gosto desse tipo de prato", "Não se preocupe comigo", "Deixe que eu faça", "Eu me 'viro'", estaria determinando ações e assumindo responsabilidades próprias em um processo de "formação de personalidade".

Esse processo atinge uma segunda etapa e a criança passa a criticar as atitudes dos pais e seus valores (pais), e tais críticas vão contra os valores enraizados e formados. Surge, então, uma área de conflito. A reação dos pais geralmente aparece em forma de defesa e queixas – "Ele tem um temperamento forte", "Ele é teimoso", "Ele é rebelde", etc., podendo expressar a não aceitação e o não entendimento daquilo que o filho está transmitindo.

Por outro lado, as críticas do filho podem levar os pais a entenderem e a interpretarem essas mensagens conforme a relação estabelecida entre eles. Se o relacionamento pais-filhos baseia-se no diálogo, na compreensão das necessidades e no respeito mútuo, a solução aparece de forma harmoniosa. Se o relacionamento pais-filhos está calcado em outros modelos, como no constante predomínio das opiniões dos pais sobre as necessidades do filho, as soluções tardam a aparecer. Nesse segundo exemplo, é comum surgirem as relações de competição, em que o pai tem a sensação de perda de poder sobre as ações do filho, por exemplo.

Assim, por um lado, a criança procura buscar independência em pensar e agir, e isso caracteriza o processo de formação de personalidade, que se inicia com afirmações, negações e críticas. Essa forma de agir causa-lhe certas satisfações porque sua busca percorre a direção do seu "eu". Por outro lado, a atitude dos pais pode estimular o processo no sentido de reformular suas concepções sobre o mundo, sobre sua forma de pensar o mundo, ou pode coibir esse processo e até mesmo causar um bloqueio que, de certa forma, poderá falsear a personalidade do filho, abrindo caminho para assumir uma identidade semelhante à dos pais.

Ao coibir esse processo, os pais passam a não acompanhar o processo evolutivo do filho. Os bloqueios podem ser constantes e a satisfação das necessidades não ocorre. Em alguns casos, esse processo arrasta-se até a adolescência, quando o jovem tentará definir uma independência, quer seja psicológica, social, profissional ou financeira, e as mudanças físicas e psicológicas tomam-se mais evidentes.

Afirmam alguns pesquisadores que esse período transitório é marcado pela intenção do jovem de não querer assumir responsabilidades de adulto. Ao contrário, acredito que esse "assumir responsabilidades" traz satisfação para o jovem, pois a responsabilidade é a própria afirmação que ele procura para definir sua personalidade. O que provavelmente ocorre é que, pela coibição, ele foi impedido, inibido, de afirmar-se enquanto "eu", e no desejo de assumir seu "eu" ele acaba "explodindo". Pode ocorrer, então, uma verdadeira tempestade, pois ele busca uma independência que anteriormente não foi vivida. Porém, pelo caminho, ele encontra a dificuldade em adaptar-se a essa busca, pois suas necessidades nas fases anteriores não foram satisfeitas. Ele depara-se com certa insatisfação, que aparece em forma de revolta e tempestade. Nesse momento, pode a família toda entrar em choque por não estar habituada a ajudar e a solucionar as necessidades do filho.

Em geral, isso é visto pelos pais como uma revolta contra eles, contra a sociedade, contra a escola. Aparentemente, a revolta é contra os pais e os valores sociais, mas o que realmente ocorre é que ele está brigando consigo mesmo em relação aos seus próprios conflitos, pois não consegue perceber dentro de si a identidade interiorizada, que lhe causa grande insatisfação. A maneira de demonstrar essa insatisfação é contrariar e revoltar-se contra os pais e modelos sociais, vomitando tudo o que foi obrigado a engolir. Essa atitude não resolve, é paliativa, não muda sua direção; pelo contrário, aumenta a área de conflito. O que irá provocar a mudança será a descoberta do que o incomoda, ou seja, o que está colocando para fora: "a identidade interiorizada".

CAPÍTULO V

DESENVOLVIMENTO MOTOR: O JOGO DOS MOVIMENTOS

Ao falar em desenvolvimento motor, não há como desvinculá-lo da palavra movimento. Desenvolvimento motor está para movimento assim como movimento está para desenvolvimento motor. Ao falar em movimento, estarei falando em direções e sentidos.

O desenvolvimento motor é o movimento em direção à independência dos movimentos da criança. No útero começam a aparecer os primeiros sinais de movimento. O mais evidente e perceptível é a batida do coração. O coração passa a bombear o sangue para uma direção: para as células em desenvolvimento. Com a multiplicação das células, com o crescimento dos órgãos e membros, começa a formar-se no bebê um aparato, que, no futuro, lhe possibilitará a evoluir das ações reflexas e involuntárias para ações voluntárias e conscientes. O aparato constituído por músculos, articulações e ossos já tem certo centro nervoso para comandá-lo.

OS PRIMEIROS MOVIMENTOS: AS REAÇÕES EMOCIONAIS

É no útero que começam a aparecer os primeiros sinais motores, ainda reflexos, desse aparato. Alguns dos reflexos extinguem-se nos primeiros meses da vida extrauterina, outros perduram por toda a vida. No útero, a mãe já sente os movimentos que demonstram a vitalidade da criança, ou seja, sente outra vida dentro de si. As reações emocionais das mães frente a essa mudança são individuais, diferentes e dependem de fatores como nível de escolaridade, preparação para a maternidade, informações sobre essas e outras mudanças e seu estado psicológico. As reações comumente relatadas em entrevistas são de satisfação, porém pode ocorrer uma série de reações, como desprazer, medo, insegurança, susto, etc.

Acredito que essas reações emocionais podem ser "sentidas" pelo bebê por meio da descarga de adrenalina e de mudanças bioquímicas. Por outro lado, não há como prever em que proporções isso afeta ou não o bebê. As pesquisas sobre prevenção parecem estar mais direcionadas para aspectos externos, como influência do álcool, cigarros, medicamentos e poluição, do que para aspectos internos, como reações emocionais, estado psicológico ou mesmo dinâmica familiar.

Sabe-se que as reações emocionais podem produzir um estado de tensão que atua diretamente sobre a musculatura. Traduzindo, poderíamos dizer que uma pessoa, como tensa, tem como característica um retesamento muscular constante. Ao contrário, em estado de relaxamento, os músculos também estão relaxados. Na mulher grávida, o lado emocional pode produzir tensão, que, ao nível muscular reflete na região abdominal, podendo causar enrijecimento muscular. Entende-se que a criança pode sentir isso, só não se sabe como exatamente. É bem provável que os sentimentos gerados serão de insatisfação devido ao estímulo desagradável.

Durante a gestação, há períodos de movimentos motores intensos e outros de total ausência. Ao nível fisiológico, entende-se esse processo em estado de vigília (quando o bebê descarrega a sua energia se movimentando) e em estado de sono (quando o bebê descansa para se refazer dessa perda de energia). O mesmo acontece nos primeiros meses de vida extrauterina, em que o bebê demonstra isso dormindo prolongadamente e tendo curtos, porém movimentados, estados de vigília.

A ausência ou a presença dos movimentos também costuma gerar reações emocionais nas mães, como prazer (por ter certeza de que o filho está bem), medo (em consequência da ausência de movimentos), apreensão (de que o bebê possa se machucar, o que é praticamente impossível), susto (pois o movimento é inesperado), etc.

O NASCIMENTO: O MOVIMENTO EM DIREÇÃO À INDEPENDÊNCIA

Um momento marcante no processo de desenvolvimento motor é o nascimento. Mediante um movimento em direção à vida extrauterina, ocorre o rompimento físico, necessário para a independência do processo de crescimento. O aparato motor do bebê já está pronto para ser estimulado. Dessa forma, o bebê ganha a atenção da mãe e de familiares, que fazem seu reconhecimento.

O bebê chora, mama, pisca e cerra os punhos. Seus primeiros atos motores são reflexos. Alguns reflexos, como o piscar, mantêm-se por toda a vida. Outros, como o mamar e o chorar, começam a transformar-se em mecanismos que propiciam a satisfação das necessidades fisiológicas e psicológicas. Ele aprende que ao chorar receberá cuidados alimentares, com a higiene e com a saúde e, por fim, que terá sua carência afetiva solucionada. Ao mamar, aos poucos, começa a demonstrar um movimento intencionado e voluntário ao levar a mão ao seio, e a sucção também se torna mais intencionada do que reflexa, pois o bebê vai percebendo que, ao fazer esses movimentos, ele tem a necessidade fisiológica da alimentação satisfeita.

A CONSCIÊNCIA CORPORAL: APRENDENDO COM O CORPO

Com a maturação dos músculos do pescoço (tônico cervical), aparece a necessidade de explorar o ambiente. Ao colocar o bebê de bruços, ele levanta a cabeça e explora visualmente o local ao seu redor. Depois de algum tempo, ele se cansa e abaixa a cabeça, então descansa e torna a levantá-la. Aos poucos, com a repetição, ele ganha resistência física e também torna o movimento mais voluntário, dirigindo a cabeça para estímulos sonoros e visuais, e para a própria mãe, pela necessidade da amamentação, orientando-se pela voz dela.

Nesse ínterim, é possível perceber movimentos involuntários e estereotipados, como a movimentação dos braços e das pernas conjuntamente, como se a criança fosse um único bloco. Esses exercícios na região do pescoço e a movimentação de braços e pernas são pré-requisitos para a movimentação consciente ou voluntária, pois eles servem de informação, ao nível de sistema nervoso central, para a formação de uma imagem corporal (ou imagem mental), a partir da qual se forma a consciência corporal.

Enquanto utilizamos estímulos motores, visuais e auditivos, estimulamos a consciência corporal. Os indícios de que os movimentos estão se tornando mais voluntários são percebidos, por exemplo, quando o bebê consegue mexer o "móbile" no berço, batendo com as mãos e pés. A partir daí, aos poucos, ele começa a pegar objetos colocados ao seu redor, demonstrando objetivamente a intenção dirigida para os estímulos.

Ao nível de maturação neurológica acontece um avanço: ele começa a inovar os exercícios: bate, chocalha, atira, chupa, demonstrando grande satisfação em controlar o seu pequeno espaço. Sua exploração é basicamente ativa e as condições nesse momento devem ser maximizadas para desenvolver o seu potencial motor, que estimulará o seu sistema nervoso central, no qual começa a memorizar seus atos motores e a processar as informações. Ao organizar essas informações, elas são devolvidas em atos motores novos, criados a partir dos anteriores. Esse processo começa a ser interiorizado, crescendo num *continuum*.

O processo psicológico está presente, pois existe a intenção, a necessidade psicológica, de criar novos atos motores para satisfazer a curiosidade de buscar o novo e o desconhecido que o bebê está então manipulando. Ele descobre que agora pode rolar na cama jogando as pernas e os braços, com a ajuda do pescoço e da cabeça. Pode ter a primeira queda, que possivelmente bloqueará os movimentos por algum tempo, até que, talvez pela própria necessidade e por insatisfação da monotonia, comece a desempenhá-los novamente. Porém, é preciso ficar atento, pois a insatisfação devido a quedas

O SENTAR

Ajudado pela mãe, o bebê começa a sentar-se. Quando a mãe está atenta ao desenvolvimento de seu bebê, ela consegue distinguir esse momento. Com isso, pode estimulá-lo a adquirir maior controle sobre o próprio corpo. Ao iniciar o sentar, a tendência do bebê será cair para os lados. A mãe pode, por exemplo, colocar almofadas ou travesseiros para sua melhor proteção e comodidade. O bebê começa, então, a aprender a cair. É possível, inclusive, observar que ele tenta jogar os braços e as mãos para amortecer a queda e proteger-se.

Ao sentar-se, ele começa a adquirir maior resistência e equilíbrio do tronco. A liberdade de seus movimentos aumenta. Isso leva o bebê a manipular mais seus brinquedos, e mesmo que eles fujam do seu poder ao nível motor, ele tem condições de encontrá-lo em seu campo visual. Essa maior manipulação leva a uma maior interiorização das experiências, produzindo um acúmulo de informações posteriormente necessárias. Essa interiorização de experiências dota o bebê de melhores habilidades motoras, estimuladas pela liberdade de seus movimentos, e, sobretudo, propiciam um ganho de repertório cognitivo-comportamental, com o qual, fazendo usando sua memória, associa os fatos e o que já foi aprendido em outras situações, processando informações, interesses, motivações, associações de causa-efeito e assim por diante.

À medida que a criança repete os exercícios, ela também desenvolverá a parte motora. Por exemplo, quando se esforça para jogar a bola mais longe do que habitualmente, desenvolve uma série de habilidades motoras, como força, domínio da direção, aperfeiçoamento da coordenação dos olhos e das mãos e resistência ao cansaço, e também aspectos psicológicos, em que o próprio esforço físico é traduzido em ânimo e vontade.

O SONO

Nesse período, o sono vai se modificado e agora o bebê tem períodos regulares de vigília durante o dia. O sono vem como consequência natural dessa movimentação e manipulação ativa do bebê. O corpo cansado fisicamente e o desgaste em observar sua própria manipulação resultam em uma sensação agradável (satisfação) de sonolência, em que sua atividade motora diminui e acaba cessando. Essa sensação agradável que o bebê sente pode aumentar se acompanhada da amamentação, quando o bebê acaba dormindo no colo da mãe.

Às vezes, o sono pode vir acompanhado de um choramingo com movimentos de esfregar o rosto, nariz e olhos. Esse choramingo provavelmente significa que, ao mesmo tempo, em que o bebê sente sono, ele quer permanecer acordado porque sua exploração do meio lhe traz satisfação e ele deseja continuar a manipular e a "brincar". Essa situação é semelhante a um conflito: vigília versus sono. É como se o sono fosse algo não desejável. Com crianças mais velhas, de 1 a 2 anos, costuma acontecer o mesmo.

O ENGATINHAR

No processo de cada vez mais buscar liberdade de movimentos (e maior satisfação), o bebê percebe que pode passar da posição "sentado" para a de engatinhar, podendo chegar mais perto do brinquedo desejado. Ao perceberem essa possibilidade, os pais e parentes encorajam-na para que se movimente. O bebê consegue, então, engatinhar em direção à mãe, atendendo ao seu chamado.

Depois de algumas semanas, seu domínio é tal que consegue fácil e velozmente locomover-se para qualquer direção. Seus braços e pernas estão dotados de força muscular e bom domínio. Depois, ele percebe que pode ficar em pé, apoiado por suas pernas, com ajuda dos braços e mãos, que estão sendo usadas há mais tempo, portanto, estão mais habilidosas e dotadas de maior força.

PERIGO À VISTA

Pode-se dizer que essa é a "idade do perigo", pois sua liberdade de movimentos leva-a a explorar o meio em direção ao novo com maior intensidade. Ele pode procurar o vaso, o copo, a tomada, o fio do ferro de passar roupa. Sua aprendizagem das noções de perigo começa a aparecer pelas sensações a elas associadas. A palavra "não" começa a ser ouvida constantemente, ele associa-a ao perigo e as regras sociais da família vão sendo interiorizadas.

O ANDAR

O próximo passo no desenvolvimento motor da criança é o andar. Esse período é marcado por intensa expectativa por parte dos familiares, que aguardam o momento de forma ansiosa. O andar parece ser o marco de que tudo "está bem" com o desenvolvimento da criança. Na rua, as pessoas perguntam se a criança já anda, o que mostra que a comunidade também parece valorizar esse momento. Em termos neurológicos, o andar significa que o desenvolvimento das áreas motoras do cérebro atingiu o ponto de maturidade necessário para esse comportamento.

Assim como o controle do pescoço (tônico-cervical) é um dos primeiros comportamentos visíveis aos familiares nos primeiros meses, o andar costuma ser um dos últimos comportamentos esperados pelos pais e a garantia, para eles, de que daí para frente tudo irá bem quanto ao desenvolvimento motor. Isso, porém, nem sempre é verdadeiro.

O andar, antes de ser um ato mecânico, é um comportamento psicomotor a ser estimulado. Observa-se isso constantemente nos jogos e exercícios que os familiares propõem à criança. Ao perceberem a chegada desse momento, os pais podem inventar brincadeiras como colocá-la em pé, encostada à parede, e a uma curta distância chamá-la com os braços estendidos. A criança dá dois ou três passos, cai no colo dos pais, ri e aceita novamente a brincadeira.

Nesse tipo de jogo, pode-se perceber o clima psicológico que permeia a relação entre pais e criança, em que existe um fortalecimento da segurança por parte da criança, pois ela sabe que vai ser segurada pelos pais. Ao mesmo tempo, ela percebe que tem o domínio do novo comportamento e passa a desempenhá-lo quando os pais estão mais longe. Nas primeiras tentativas, pode cair e isso a ensina a cair.

Em muitos casos, existe uma demora para a criança começar a andar. Às vezes, a criança já teve toda a estimulação motora necessária e a maturação neurológica já ocorreu, porém, falta-lhe segurança. Ela consegue andar somente quando é segurada pelas mãos. Esse medo pode estar associado a uma insegurança transmitida anteriormente pelos pais ou mesmo a um excesso de ansiedade por parte deles, que costuma ser característico desse período. Não podemos esquecer que, à medida que o "neurológico" desenvolve-se, existe um "psicológico" nesse processo, que se mistura, alterna-se e interliga-se.

A partir do momento em que os pais começam a possibilitar condições, ao nível de interação com a criança, em jogos, brincadeiras, também estarão proporcionando requisitos para que ela desenvolva noções e conceitos como peso, equilíbrio, ritmo, etc. Por sua vez, a criança passa, espontaneamente, a usar essas noções em outras situações, tais como: sabendo quando poderá alcançar algum objeto, medindo se o peso do objeto é maior que sua força; especulando de que altura poderá pular e medir o impacto da queda, sabendo se o ato de andar de bicicleta no momento é ou não possível de ser dominado quanto ao equilíbrio e à força, tendo certeza de poder reagir fisicamente a uma agressão para se defender, etc.

O aspecto básico neste processo é ajudar a criança a desenvolver a noção de perigo que esse e outros comportamentos e situações trazem, ao invés de fazê-la temer, criando assim o medo. Quando o medo se fizer presente, estimular a coragem, criando formas de ajudar a criança sem a expor a grandes riscos. Em outras palavras, os pais devem, ao invés de ensinar o medo, fazer a criança ter a noção do perigo.

Assim como o controle do pescoço (tônico-cervical) parece ser um dos primeiros comportamentos visíveis aos familiares nos primeiros meses, o andar parece ser um dos últimos comportamentos esperados pelos pais e, para estes, a garantia de que daí para frente tudo irá bem em termos de desenvolvimento motor. Isso, porém, nem sempre é verdadeiro.

O andar, antes de ser um ato mecânico, é um comportamento psicomotor a ser estimulado. Observa-se isso constantemente nos jogos e exercícios que os familiares propõem à criança. Os pais, percebendo a chegada desse momento, podem inventar brincadeiras como, por exemplo, colocá-la em pé encostada à parede e, a uma curta distância, chamá-la e estendendo os braços. A criança, nessa brincadeira, dá dois ou três passos, cai no colo dos pais, ri e aceita novamente a brincadeira. Nesse tipo de jogo, pode-se perceber o clima psicológico que permeia a relação entre pais e criança, onde existe um fortalecimento da segurança por parte da criança em saber que vai ser segura pelos pais ao mesmo tempo, em que passa a perceber que tem o domínio do novo comportamento a ponto de desempenhá-lo, quando os pais estão mais longe. Nas primeiras tentativas, pode cair e isto ajuda a ensiná-la a cair.

Em muitos casos, existe uma morosidade no comportamento de andar. Às vezes a criança já teve toda a estimulação motora necessária e a sua maturação neurológica já ocorreu, porém, falta-lhe segurança. Ela consegue andar somente quando é levemente segura pelas mãos. Esse medo pode estar sendo associado a uma insegurança que já tenha sido transmitida anteriormente pelos pais, ou mesmo, talvez, por um excesso de ansiedade, por parte dos pais, que parece ser característico desse período. Não podemos esquecer que, à medida que o "neurológico" se desenvolve, já existe um "psicológico" nesse processo, que se mistura, alterna e se interliga.

A partir do momento em que os pais começam disponibilizar interações à criança em jogos e brincadeiras, também estarão proporcionando requisitos para que ela desenvolva noções e conceitos como peso, equilíbrio, ritmo, etc. Por sua vez, a criança passa a usar essas noções espontaneamente em outras situações: para alcançar algum objeto, medindo se o peso do objeto é maior do que sua força, especulando de que altura consegue pular e medindo o impacto da queda, sabendo se tem o equilíbrio necessário para andar de bicicleta, se tem força suficiente para reagir fisicamente a uma agressão para defender-se, etc.

O aspecto básico nesse processo é ajudar a criança a desenvolver a noção de perigo que esses e outros comportamentos e situações trazem, ao invés de fazê-la temer, criando, assim, o medo. Quando o medo se fizer presente, deve-se estimular a coragem, mas sem expor a criança a grandes riscos. Em outras palavras, os pais devem, ao invés de ensinar o medo, ensiná-la a ter a noção do perigo.

PROCESSOS DE INTERFERÊNCIAS

Nem sempre o desenvolvimento motor tem um caminho saudável. Durante esse processo podem ocorrer bloqueios neurológicos e psicológicos que podem mudar o curso do desenvolvimento. Um distúrbio que pode acontecer são as temidas convulsões. Quando uma criança de tenra idade apresenta convulsões, é possível observar um atraso em pequena ou longa escala em sua motricidade, que terá consequências a médio ou a longo prazo.

Por alguns relatos de mães, constatei que, além do atraso, pode existir um período de inatividade motora da criança devido a alguns acontecimentos. Por exemplo, a criança andou e logo após teve uma convulsão. Ela inibe o comportamento (andar) por alguns dias e só então volta a fazê-lo. Ou seja, o problema neurológico provoca um atraso, mesmo que por um curto período.

Crianças superprotegidas pelos pais podem sofrer quedas que, ao nível psicológico, provavelmente terão danos maiores do que as quedas comuns porque elas não desenvolvem adequadamente seus reflexos de proteção. A forma comum de cair é cair sentada ou jogar os braços para frente, protegendo o rosto. Nessas crianças isso não ocorre, ficando a cabeça mais vulnerável devido ao seu peso e por ser a responsável pelo equilíbrio e pela direção.

Doenças como catapora, hepatite, resfriados e gripes afetam geralmente a criança. Durante esses estados, pode-se notar certa apatia motora e a criança torna-se mais quieta, como se estivesse sem energia. Porém, essa apatia motora pode ser um indício de que alguma coisa não esteja bem, podendo o transtorno ser fisio- lógico ou psicológico.

Outro aspecto importante com respeito ao desenvolvimento motor é que se aparecem "bloqueios" ou "ausência de estímulos" no meio do processo, pode haver prejuízo na sua imagem corporal, como a percepção de que sua cabeça é redonda e não quadrada, de que seus braços e pernas não são proporcionais ao próprio corpo, de que não existe um lugar certo no rosto a ser ocupado pelos olhos, nariz, boca, etc. Como consequência, podem surgir dificuldades em manipular e direcionar seus próprios movimentos em relação à distância, peso e altura de objetos. Essas crianças geralmente são rotuladas como "desastradas" e são malsucedidas ao iniciarem atividades esportivas.

Esse fracasso pode interferir em seu autoconceito e ela sente-se incapaz de desempenhar as atividades sugeridas. Na alfabetização, podem ter dificuldades na leitura e na escrita em decorrência de um desenvolvimento motor não satisfatório (andar, correr, pular, jogar). Elas podem, então, tentar compensar suas dificuldades utilizando-se de mecanismos de defesa, desenvolvendo fantasias para construir um mundo de satisfação para fugir dessa realidade (insatisfação). Algumas crianças adotam ações relacionadas aos padrões de aluno "bem-comportado" e quieto, e outras tentam, mediante um grande esforço, obter as melhores notas.

A área motora tem primordial importância para detectar bloqueios que estejam ocorrendo, não apenas em termos neurológicos, mas também no aspecto psicológico do desenvolvimento. Um comportamento motor de fácil observação são os chamados "tiques nervosos". Esses comportamentos podem ser avaliados de diferentes maneiras. Como comportamento motor, acredito que o "tique nervoso" tenha significado de "descarga de energia", visto que a atividade motora é uma forma dessa descarga.

Para analisar a dinâmica psicológica desses comportamentos, vou observar mais de perto a relação família/filhos. Nessa relação, a "personalidade" dos pais influencia de diferentes maneiras os comportamentos dos filhos. Na socialização, os pais transmitem para os seus filhos seus valores, modo de pensar e, principalmente, seu modo de se comportar. Além disso – e junto ao seu modo de se comportarem –, os pais também podem transmitir-lhes seus temores, que são às vezes mais imaginários do que reais.

Desde cedo, quando a criança começa adquirir certa independência de seus movimentos, os pais acompanham e preocupam-se com o caminho escolhido pela criança para explorar a sala, o quarto, etc., ou seja, se a situação oferece perigo ou não. Porém, a característica dessa situação de perigo é que, além de ser real, ela também é subjetiva, pois os pais "imaginam" o que pode acontecer se a criança chegar perto de uma tomada elétrica, de um vaso de vidro, etc. Imaginando o perigo (às vezes não real), os pais proíbem certos comportamentos dos filhos que, na realidade, seriam fontes de estímulo à exploração do meio. Essa proibição, dependendo do tipo de família, pode vir acompanhada de negação verbal, punição física ou as duas em conjunto.

Como os motivos da punição são imaginários (pelos pais), as crianças têm dificuldade de entender o motivo da punição. Com o bloqueio, ocorre um acúmulo de energia proveniente do conflito que está surgindo. O próximo passo será descarregar essa energia de uma forma que seja aceita pelos pais. Se a criança tenta descarregar a energia de outras maneiras e mesmo assim é bloqueada, acaba canalizando-a para o seu próprio corpo, na forma de comportamentos como diarreia, enurese noturna (faz xixi na cama durante o sono) e na forma de "tiques". Esses comportamentos são comuns em famílias em crise (que podem ou não se concretizar em uma separação).

Outra forma de descarregar a energia de conflitos psicológicos é mediante agitação motora constante, em que a criança quase não se detém em uma atividade e já começa outra. Geralmente, dedica-se pouco tempo a um brinquedo e é vista como uma criança nervosa e rebelde. Mas não podemos nos esquecer de que, em algumas crianças, isso é uma característica delas, pois nem toda criança hiperativa está passando por um estado de tensão e conflito.

E no lado oposto da agitação e da hiperatividade temos a "inatividade ou a apatia". A criança apática costuma ser considerada "boazinha", "quietinha", que não "dá problema" nem "trabalho". Nessa criança, pode-se constatar que o comportamento de busca é raro. Ela pode ter dificuldades em relacionamentos afetivos e determinadas características físicas, como ser franzina ou obesa.

Finalizando, não se pode dizer que uma criança é hiperativa ou apática só porque apresenta alguns traços de um determinado quadro. Devem ser levadas em consideração as características próprias da criança, o tipo de relacionamento e o tipo de dinâmica familiar, ou seja, as informações globais em conjunto.

Neste capítulo, descrevi de forma geral as etapas do desenvolvimento motor e algumas interferências que podem ocorrer. No capítulo seguinte, falarei do processo de fala e linguagem, vendo-o como um "jogo de palavras".

CAPÍTULO VI

DESENVOLVIMENTO DA LINGUAGEM: LIDANDO COM AS PALAVRAS

Para melhor compreender o "jogo das palavras" evidenciarei três processos envolvidos no desenvolvimento da linguagem e da fala. Eles são: a repetição do som, a satisfação em emitir o som e a linguagem em função das próprias necessidades psicológicas e fisiológicas.

O primeiro som emitido pelo bebê é o choro. Com ele, o bebê demonstra insatisfação pela mudança repentina do ambiente intrauterino para o extrauterino. Antes, estava abrigado no corpo da mãe, protegido pela temperatura constante, pela ausência de claridade, pela diminuição de ruídos e barulhos, que o corpo da mãe filtrava. Ao nascer, depara-se com muita luz, ar e barulho.

Alguns estudiosos, interessados na diminuição dos fatores que podem agredir a criança ao nascer, criam novos métodos de parto. Pode-se dizer que esses pesquisadores tentam diminuir a insatisfação provocada por essa mudança brusca. Porém, na prática cotidiana, o que se observa é que, na grande maioria, os partos são feitos da forma tradicional.

DO CHORO À RECOMPENSA

Ao chorar, o bebê pode trazer a mãe para junto de si, o que lhe traz satisfação. Posteriormente, ele aprende que cada vez que chora obtém gratificação e satisfação de suas necessidades. O chorar passa a ser um canal de comunicação muito poderoso para ela. Aos poucos, essa comunicação transforma-se em linguagem, quando o tipo de choro começa a ser discriminado pela mãe. Denomino essa fase de "linguagem do choro", em que a criança "fala" sobre suas necessidades: de ser trocada, alimentada, de sono, de afeto, sobre suas cólicas, etc.

A LINGUAGEM DO SORRISO

Após a aprendizagem da linguagem do choro, aparece o sorriso como indicativo de que dias melhores chegaram e a evidência de que a adaptação a este mundo está se tornando mais fácil. O sorriso fica sendo o marco de satisfação do bebê. Inicia-se aí o que denominei de "linguagem do sorriso", que traz satisfação tanto para a criança como para os pais.

Essa forma de comunicação acontece mais ou menos por volta do segundo ou terceiro mês, e com o sorriso aparecem alguns sons, ainda incompreensíveis, porém bastante semelhantes aos da fala humana. Especialistas em fala e linguagem chamam essa fase de "gorjeio".

A LINGUAGEM DOS SONS

Conforme o desenvolvimento psiconeurológico avança, o bebê começa a emitir sons mais sofisticados e repete esses sons, exercitando a fala. Chegamos, então, à "linguagem dos sons". No berço, na cama, no sofá ou no colo, a criança começa a formar uma cadeia de sons (como: "aaa..., baaa...", etc.). Essa fase também é conhecida como balbucio.

Essa aprendizagem foi subsidiada pelo mamar, chupar, sugar e chorar, quando o bebê fortaleceu os órgãos envolvidos na fala – língua, céu da boca, bochechas e outros. Em cada um desses subsídios houve a repetição do exercício (por exemplo: sugar constantemente) e a satisfação da necessidade (extinção da fome).

LINGUAGEM DO RITMO

A partir daí, a criança começa a juntar os sons sem sentido, porém melhores articulados, como se imitasse uma conversa de adultos, seguindo um ritmo e uma melodia. Suas imitações têm entonação semelhante à de um diálogo com outrem, mas nas palavras construídas não se pode abstrair significados. A linguagem agora é a do ritmo.

LINGUAGEM DOS SÍMBOLOS

Finalmente, a criança fala a primeira palavra compreensível, embutida de significado explícito, para o adulto. Essa palavra pode ser "mama" (mamãe), "papa" (papai) ou alguma outra palavra aparentemente sem significado para uma pessoa alheia, mas com significado para a família. Essa pode ser o nome da empregada, tia, irmã mais velha ou alguém que geralmente cuida da criança.

A primeira palavra geralmente designa alguma pessoa que será como um procurador para a criança, ou seja, a pessoa com a qual irá receber ajuda e facilitar a satisfação de suas necessidades fisiológicas e/ou psicológicas. A criança começa a expressar-se usando a linguagem dos símbolos verbais. Nessa fase, as palavras têm significados equivalentes aos de uma frase, por exemplo: "aga" pode significar "quero água" ou "a água caiu".

AQUISIÇÃO DO VOCABULÁRIO

Nesse período, o vocabulário da criança aumenta rapidamente e ela exercita cada palavra nova que fala, repetindo várias vezes. Essa brincadeira produz satisfação para a criança. Os familiares e a criança começam a achar graça por ela brincar dessa forma e a criança, ao perceber que está agradando, retoma o seu jogo e repete ainda mais a brincadeira.

Cabe notar que, antes de falar palavras compreensíveis e embutidas de significado, a criança adquiri internamente os significados das palavras. Isso é claramente observado quando se trata de substantivos concretos. Observamos que crianças, às vezes, com menos de oito meses, dão indicativos de terem associado a palavra com seu significado. Por exemplo, a palavra "patinho" faz parte do vocabulário interno da criança. Se colocarmos uma pequena fileira de brinquedos na frente dela e perguntarmos onde está o "patinho", a criança olhará em direção a ele.

A cada palavra nova, a cada objeto nomeado, a criança exercita sua atenção, sua concentração, sua memória e outras funções. Essas palavras novas funcionam como novas satisfações para a criança. A ajuda dos pais é valiosa e a inclusão de novas palavras estimula a criança. A colocação de perguntas, informações e problemas estimulam ainda mais a necessidade da criança de buscar o novo, de buscar novas satisfações.

JUNTANDO DUAS PALAVRAS

Conforme a criança cresce e desenvolve-se, a linguagem torna-se mais complexa. Começa, então, a utilizar grupos de duas ou mais palavras para designar algo. Antes, ela apontava para a água ou apenas dizia "aga". Agora diz "Qué água". Essas frases geralmente são mais relacionadas com as necessidades fisiológicas e psicológicas da criança, e ao serem satisfeitas aumentam as possibilidades de a criança emiti-las quando encontrar o mesmo estado de insatisfação, ou seja, quando tiver a mesma necessidade a ser satisfeita.

O PENSAMENTO POR MEIO DAS PALAVRAS

Aos poucos, a criança começa a construir frases mais estruturadas, usando sujeito, verbo e predicado. Mais ou menos por volta dos 2 a 4 anos, a linguagem e a fala parecem estar mais cristalizadas. Nessa época, podemos observar mais claramente o processo de desenvolvimento do pensamento da criança, por meio da linguagem.

Crianças de 4 anos podem inventar brincadeiras e criar situações lúdicas imaginando fatos e ações. Eles podem dar uma expressão verbal para aquilo que acontece e que irá acontecer em seu jogo. Quando não existe o brinquedo real adequado, mediante o que ela dispõe, imagina e cria o que deseja, satisfazendo suas necessidades. Da vassoura faz o cavalo, da perna faz uma ponte, do nada é auxiliada pela mímica, faz uma laranja invisível e diz: "chupa". A ação e o movimento do jogo são descritos pelas suas palavras.

Em sua brincadeira, ela avalia se o jogo a satisfaz ou se é necessário modificá-lo para melhor satisfazê-la. Às vezes ela para e sugere uma mudança porque aquele modo de brincar tornou-se pouco interessante. Pensa e sugere novas brincadeiras. Ensina ao companheiro como ele deve agir a cada passo do jogo. Comanda, por meio de ordens verbais, a ação do companheiro. É ela quem toma a iniciativa da ação.

O SILÊNCIO

Em algumas crianças, por outro lado, aparecem modificações nesse processo. Na ausência da fala vem o silêncio, que pode indicar que alguma coisa não anda bem. Esse silêncio pode ser a maneira de a criança expressar um bloqueio ou pode ser o próprio bloqueio. Se observarmos o mundo das crianças, constataremos que ele é cheio de sons e que nele o silêncio quase não tem vez. Podemos fazer uma analogia com as primeiras manifestações da linguagem e da comunicação: o choro. Sua ausência no nascimento (falando de partos tradicionais) provoca expectativas e hipóteses. Quando a criança nasce e fica em silêncio, estimula-se geralmente o choro e a respiração com um tapa. É comum ouvir relatos de mães preocupadas porque o bebê "demorou a chorar".

Para o profissional que trabalha com o parto, o silêncio chama a atenção porque o choro é o indicativo de que a criança está reagindo, da forma esperada, à mudança do mundo intrauterino para o extrauterino. Alguns profissionais colocam que essa passagem causa tanta insatisfação ao bebê que eles a denominam de "trauma do nascimento".

Alguns pais não compreendem o significado do silêncio associado ao bloqueio e usam-no como sinônimo de uma criança com um desenvolvimento sadio. Essa criança passa a ser vista e considerada como uma criança "boazinha", "quietinha", "que não dá trabalho" e que "nunca chora". A impressão é de que ela é uma criança calma, da qual os pais se orgulham, porque ela "dorme bem a noite inteira" e "nem chora durante o dia". Mas se observarmos mais diretamente essa criança, comumente constatamos que ela sorri menos se comparada a outras crianças. Seu olhar pode ser "parado" e quase sem expressão. A linguagem do sorriso é, portanto, uma etapa que às vezes chega de forma mais lenta.

Enfim, o que se espera de uma criança pequena é bastante trabalho por parte dos pais e muita paciência para entender seu choro ou seu silêncio.

FALA *VERSUS* PERSONALIDADE

Quando a criança começa a falar mais corretamente, é comum falar mais alto com os pais e amiguinhos. Esse falar difere do falar gritado. A primeira forma (falar alto) parece estar relacionada com a afirmação da própria personalidade, que quer se fazer ouvir.

Acredito que os pais não devam tentar mudar esse comportamento da criança de forma brusca. O que podem fazer é respeitar e demonstrar para a criança que compreendem sua autoafirmação enquanto pessoa.

Infelizmente, o que na maioria das vezes acontece é que os pais reagem a essa expressão própria da criança como se ela tivesse retirando sua "autoridade de pais", competindo pelo poder. Eles sentem-se ameaçados e, às vezes, podem punir a criança na tentativa de preservar o seu poder, como forma de abafar os conflitos que o comportamento da criança poderá fazer ressuscitar.

Enquanto o falar alto demonstra autoafirmação, assumindo-se enquanto pessoa em um determinado grupo, o falar gritado expressa uma necessidade de chamar a atenção, demonstrando uma possível carência, portanto insatisfação, com relação ao meio. Pode ser indicativo de uma dificuldade na interação. Em alguns casos, a criança é o retrato do próprio pai, pois assume a identidade dele. Essa forma de comunicar sua insatisfação é sinal de que está havendo um bloqueio que pode alterar o ritmo do seu desenvolvimento.

FALA REGREDIDA

Outra forma comum de a criança expressar que alguma coisa não anda bem é a fala regredida, ou seja, quando a entonação e o ritmo da voz assemelham-se aos de uma criança bem mais nova. Seu significado é próprio para cada criança. Em algumas, pode ser usado para cativar um adulto; em outras, para expressar sentimentos de inferioridade ou que não é capaz de realizar alguma tarefa; pode, ainda, ser um indicativo do rebaixamento do seu autoconceito ou uma forma de submissão aos pais, podendo expressar-se assim perante o pai mesmo quando adulto.

Esse comportamento na fala pode ocorrer em momentos de alegria, em que a criança tem consciência dessa forma de expressão. Isso parece produzir satisfação para a criança e podemos entender como um jogo ou brincadeira cujo significado é traduzido em carinho, em troca de afetividade e atenção com quem brinca com ela dessa maneira.

GAGUEIRA

Um assunto polêmico no desenvolvimento da fala é a gagueira. Algumas crianças, logo após iniciarem a fala ou o jogo das palavras, apresentam uma gagueira bastante típica em seu desenvolvimento. Provavelmente na busca de completar a palavra, elas repetem algumas vezes a primeira sílaba.

A criança com um pouco mais de idade pode começar a gaguejar imitando outra criança que seja gaga para experimentar uma nova sensação. Isso pode ser estimulado pelos pais, enquanto acham engraçado ou mesmo punindo-a imediatamente, pois nas duas situações a criança recebe atenção.

Em geral, os pesquisadores dessa área acreditam que a criança gaga é fruto do meio em que vive, ou seja, da pressão autoritária dos pais. Provavelmente, o autoritarismo desses pais não deixa a criança expressar-se naturalmente. Seus comportamentos podem ser bloqueados. Como, então, isso afeta a fala? Vimos anteriormente que na fala a criança autoafirma-se. Ela é uma forma de expressão da personalidade da criança. No caso de um pai autoritário, por exemplo, ocorre um bloqueio diretamente sobre a forma da criança de se expressar (fala) e no desenvolvimento típico de sua personalidade.

Essa mesma consequência pode advir de um trauma. Posso aqui exemplificar, com um caso real, como isso acontece: em certa ocasião, uma criança de 4 anos foi presa por um parente num banheiro. Para o adulto, isso significou uma brincadeira. A criança, por sua vez, pega de surpresa, começou a gritar de desespero e pavor. Alguém próximo, ouvindo os gritos da criança e percebendo sua aflição, abriu imediatamente a porta, encontrando a criança roxa e sem fala. As consequências dessa brincadeira foram percebidas no comportamento emotivo da criança por alguns dias, e quando ela voltou a falar, percebeu-se que havia sido instalado um quadro típico de gagueira.

FALA DESRÍTMICA

Outro distúrbio da comunicação é a fala disritmia, caracterizada por uma variação entre o grave e o agudo, e pela variação da velocidade em pronunciar a frase, que se apresenta ora de forma rápida (taquilalia), ora de forma lenta (bradilalia). Em alguns casos, essa quebra do ritmo pode conter um componente emocional. Percebe-se, pois, que quando a criança está relaxada (em estado de satisfação), sua fala difere de quando está agitada ou nervosa (estado de insatisfação).

Isso é comum na criança e no adulto, quando atendidos clinicamente e descarregam verbalmente conteúdos emocionais que traduzem conflitos ou situações psicologicamente dolorosas. A voz torna-se "arrastada", existe um esforço para se falar. Em outros casos, existem pausas que quebram a sequência da frase, ou troca de fonemas, em que a pessoa age sobre sua própria fala, barrando ou tentando barrar um estado emocional conflituoso.

O "SIM" E O "NÃO"

A linguagem, como disse anteriormente, é uma forma de expressão da personalidade. Durante certa fase do desenvolvimento infantil, quando a criança está adquirindo o vocabulário, ela descobre duas importantes palavras que irão direcionar o seu comportamento: o "sim" e o "não".

A linguagem do "sim" e do "não" aparece em várias situações com diferentes enfoques. É natural que a criança use o "sim" e o "não" porque são palavras necessárias à sua sobrevivência. Ela recusa alguns alimentos, aceita outros; escolhe brincadeiras, rejeita outras; aceita ordens, rejeita outras. Estas palavras lhe dão direito a fazer opções e sabemos que o ser humano vive entre o "sim" e o "não".

A criança assume posições e atitudes que demonstram a formação de uma personalidade. Logo que aprende a dizer "não", ela começa a repetir uma palavra e sondar as reações dos adultos frente ao seu comportamento. Essa é uma fase de experimentação para a criança. A negação da experimentação muitas vezes acontece por parte dos pais, que não valorizam essa atitude da criança.

Quando a criança, durante o seu desenvolvimento, recebe tantos "nãos" a ponto de causar um bloqueio em sua personalidade, ela pode perder a iniciativa para tentar novas experiências, adquirindo apenas a linguagem do "sim", submetendo-se às ordens dos pais e assumindo uma identidade que não reflete a sua real personalidade. Ou ela pode reagir violentamente e a linguagem do "não" é a que prevalece, tornando-se a oposição um hábito. Às vezes, ela nem sabe por que discorda, discorda só por discordar, porque assim aprendeu desde tenra idade. A primeira forma de reação leva as pessoas a classificarem a criança como "tímida" e a outra como "revoltada".

A AGRESSÃO

A fala também pode ser usada pela criança como forma de agressão. Criança agride tanto por palavras quanto pelo silêncio. Esse comportamento aparece na criança, comumente em casais que estão em vias de separação e/ou em constante conflito. Basicamente, o que ocorre é uma falta de comunicação e de entendimento entre o casal, que atinge a comunicação da criança. O mesmo pode ocorrer com pais ausentes do lar.

A agressão em termos verbais é uma via mais acessível para a criança. Suas alternativas de agredir fisicamente os pais são barradas. Além disso, esse tipo de agressão ameniza a contra-agressão por parte dos pais, ou seja, é provável os pais reagirem à agressão verbal da criança com uma contra-agressão também verbal ao invés de usarem uma punição física.

Finalizando, a presença ativa dos pais no relacionamento com a criança, compreendendo, percebendo e participando, é fonte de ajuda efetiva (satisfação) no desenvolvimento da linguagem, refletindo na socialização. A ausência (insatisfação) traz consequências negativas, não só na linguagem e na fala, mas também em outras áreas do desenvolvimento.

CAPÍTULO VII

O DESENVOLVIMENTO COGNITIVO: JOGOS DA INTELIGÊNCIA

Anteriormente, descrevi que a aprendizagem acontece por meio da repetição do exercício. Por exemplo, o bebê joga a bola do berço ao chão. Ao ver a bola cair, rolar, fazer barulho, isso lhe provoca uma sensação bastante agradável, e essa sequência de movimentos provoca o seu interesse. A tendência, então, é jogá-la novamente. Cada vez que joga a bola do berço, algumas variáveis se mantêm constantes, como o barulho da queda. O bebê passa a perceber essas variáveis e interiorizá-las cognitivamente pelos órgãos dos sentidos: visão, tato e, nesse caso em particular, a audição. A partir daí, ela internaliza as dimensões de tais estímulos, retendo em sua memória essas informações. Depois de algum tempo, isso não lhe provoca mais satisfações e o bebê passa, então, a jogar a bola mais longe, criando novas condições, que serão observadas e analisadas e que irão significar novas satisfações. E nesse aspecto, buscar novas satisfações significa aprender, desenvolver-se intelectualmente. Resumindo, esse processo corresponde ao desenvolvimento intelectual da criança.

O objetivo de usar os movimentos reflexos do bebê, tornando-os mais voluntários, teria como pano de fundo desenvolver sua inteligência, pois o corpo e seus movimentos são o que temos de mais palpável e manipulável no sentido de chegarmos às internalizações, algo aparentemente impalpável. Partindo do físico, estimulamos o intelectual. Fazendo o físico presente para o bebê, também tornamos presente sua capacidade de controle sobre esse físico, sobre os objetos do seu meio, possibilitando a ele manipulá-los para que aprenda, relacione os fatos, associe as variáveis, tornando-os presentes, seus efeitos e causas. Além disso, pelos exercícios ativos e pelo próprio meio da criança, as áreas corticais do cérebro são desenvolvidas, o que facilita o desenvolvimento intelectual.

Um dos órgãos do sentido que mais se desenvolve desde cedo, ainda no mundo intrauterino do bebê, é a audição. No útero, as batidas do coração da mãe são um dos primeiros sons a ser ouvido pela criança. Os sons da fala da mãe também serão internalizados e o bebê consegue, ao nascer, distinguir entre a voz da mãe e de outras mulheres. Isso é possível porque, além desse canal de comunicação, a criança tem um sistema nervoso que irá processar e armazenar esses sons. Ainda, ela tem uma "memória auditiva" e um sistema de organização da experiência.

Ao nascer, programa-se a estimulação por esses canais de comunicação (órgãos dos sentidos); desenvolve-se a noção de temperatura provocada pelo afago e pelo contato com o corpo da mãe, no banho, na alimentação, etc.; desenvolve-se a gustação pelo leite e pela água, inicialmente. Posteriormente, o bebê começa a desenvolver as sensações táteis pelas roupas, pelos cobertores, percebendo a textura, a umidade, etc., e essas informações estarão sendo processadas pelo sistema nervoso. A memória serve de reservatório após as informações serem processadas.

Um pouco mais adiante, a criança começa a ter uma visão mais real do meio, a seguir visualmente pessoas se movimentando ao seu redor. Podemos dizer que nessa época a criança passa a ser uma observadora bastante atenta. Ela ainda não fala, ainda não segura objetos. Seu desenvolvimento motor está começando. Ela fica enrolada no cobertor, atenta. Ou seja, essa é a idade da observação.

A IDADE DA OBSERVAÇÃO

Talvez essa seja a primeira fase de interação ativa (sem ser reflexa) com o meio, quando começa a se processar o desenvolvimento cognitivo. Esse desenvolvimento dá-se com as associações de causa-efeito. Os seus órgãos dos sentidos começam a dar ao bebê dimensões mais reais do ambiente, o que lhe permite realizar essas associações. Antes, ele agia de maneira reflexa, agora começa a observar os fatos mais cognitivamente, começa a conhecê-los. Pode, então, associar o barulho de uma janela batendo com a imagem visual dessa ação. Procura pela mãe, ao ouvir sua voz, sente a temperatura e a umidade da água e ouve o barulho dela. Diferencia o claro do escuro com as ações da mãe de fechar a janela do quarto ou acender e apagar a luz.

Com a evolução desse processo, os pais começam a falar: "Ele está ficando esperto"; "Olha como ele é inteligente". Essas expressões denotam que o bebê está evoluindo, e como essa evolução é bem rápida nos primeiros anos, pode ser mais observada pelos pais. Agora, o bebê já tem o controle tônico cervical do pescoço e busca com o olhar as coisas que deseja. Entre vários brinquedos, ele seleciona com o olhar aquele que mais lhe fascina ou que mais lhe provoca satisfação. Nesse momento, percebe-se que ele já consegue reter a imagem do desejado. Ao usar aquelas frases, os pais transmitem outras mensagens: "Ele está começando a conhecer as coisas, os fatos, suas consequências ao ver alguém manipular os estímulos".

O seu desenvolvimento motor ainda é pouco e o que mais utiliza para desenvolver-se é cognitivamente a visão; a audição e a gustação. Nessa fase, é interessante colocar a criança em diferentes posições para que ela possa observar o meio. Colocá-la de bruços não só ajuda na estimulação dos músculos das costas, braços e pescoço como também proporciona ao bebê um campo visual novo em termos de observação.

A AQUISIÇÃO DOS MOVIMENTOS VOLUNTÁRIOS

Com a aquisição dos movimentos voluntários dos braços, o bebê passa a manipular os objetos, o que lhe abre um vasto campo de "estudo do seu ambiente". Essa aquisição possibilita um enorme espaço para ser aproveitado na estimulação intelectual. Antes, ele só observava, agora manipula. As sensações são percebidas, orientadas, com a ajuda da boca, do tato, da visão e do olfato (se o estímulo apresentar cheiro) e paladar (se apresentar gosto). Na introdução da alimentação mais sólida, ele já associa o característico barulho da cozinha com a alimentação. Pode chorar se estiver longe ou observar calmamente se estiver próximo, porém quer ser satisfeito imediatamente.

À medida que o tempo passa, o número de associações aumenta. Nessa época, os pais surpreendem-se com aquilo que o bebê é capaz de fazer. Suas ações são intencionadas, fruto das internalizações anteriores (aprendizagem).

A APRENDIZAGEM

As palavras agora são compreendidas e a existência de um vocabulário, embora pequeno, demonstra a evolução cognitiva da criança.

A partir dos dezoito meses, com a explosão da linguagem, ela diferencia e nomeia os estados do tempo (frio, calor, vento). Também usa palavras com sentido emocional (medo, quero, nada disso, não); sua noção de tempo já está bem desenvolvida (noite, hora do banho, dia) e consegue separar os espaços (casa da vó, casa do tio, trabalho do pai e da mãe, supermercado, açougue, etc.).

A CURIOSIDADE

Bastante ativa nessa época, a curiosidade impulsionará a criança para a descoberta. Nessa busca, cuja motivação é interna e mediatizada pelas condições de seu mundo (o seu meio), descobrem-se as particularidades de cada objeto. Antes, não os usava de acordo com as suas reais funções, mas os explorava no sentido de descobri-las. Usava uma corneta para bater, um lápis para chupar e morder, um carrinho para desmontar. Agora aprende que a bola é para jogar, o martelo e o bumbo para bater, a corneta para soprar, a cadeira para sentar, etc.

Nesse processo, todo o estímulo novo lhe provoca curiosidade. A tendência é buscar decifrá-lo e incorporá-lo ao seu repertório já existente. Outra característica é manipulá-lo (caso seja manipulável) da maneira como fazia com os anteriores. Por exemplo: já tem o domínio e a maturidade para encaixar peças. Ganhando um brinquedo que requer um movimento de rosca, primeiro irá tentar encaixar, bater, empurrar. Posteriormente, conseguirá, dependendo de sua maturidade, executar o movimento exato. Esse novo movimento dar-lhe-á satisfação e logo o incorporará aos antigos.

A alavanca desse período – a curiosidade em buscar o novo – é o processo mais presente. Essa curiosidade ainda não é aquela verbal, conhecida pelos estudiosos do desenvolvimento e expressa em forma de perguntas feitas pela criança. Diríamos que essa curiosidade manifesta-se pelo desejo de manipulação dos objetos. Essa manipulação traz à criança prazer e satisfação.

Por outro lado, existem situações que trazem perigo de danos físicos, como: contato com vidros, tomadas, fogo, líquidos nocivos (desinfectantes, álcool e produtos de limpeza), ferro de passar roupa, etc. O papel dos pais é orientar a criança, tentando encontrar formas saudáveis e reais de explicar as causas e os efeitos ao manipulá-los. Alguns desses materiais podem ser usados na explicação; por exemplo, o álcool e produtos de limpeza podem ser experienciados pela criança, ou o calor próximo a um ferro elétrico e a uma panela. Outras situações são mais difíceis de se explicar, como a energia elétrica da tomada, que não pode ser vista ou sentida visualmente, ou tátil sem causar dano.

O importante é saber discriminar o nível cognitivo ou qual o nível de compreensão que a criança atingiu para que as explicações possam ser processadas e internalizadas por ela. Persistindo a curiosidade, pois talvez o perigo não tenha sido percebido por ela, deve-se usar a palavra "não" (e dizer o porquê do não) e retirar o objeto de seu alcance.

Emocionalmente, as proibições podem ser distorcidas, aumentando o perigo real. Algumas expressões costumeiramente usadas pelos pais demonstram essas distorções da realidade; por exemplo: "Não ponha a mão aí porque você vai perder o dedo", "Não mexa aí porque você pode morrer", "Não mexa aí senão o Papai do Céu vai ficar triste".

Essa curiosidade faz parte do desenvolvimento da criança e a possibilidade de ser estimulada é de ajuda para ela. A melhor forma de estimulá-la é satisfazê-la, ou seja, promover o máximo de estimulações possíveis.

Na próxima fase, a curiosidade será expressa ao nível verbal, quando a criança, já tendo desenvolvido mais a linguagem e a fala, consegue organizar e formular questões relativas a objetos da sua curiosidade.

A CURIOSIDADE VERBAL

As questões colocadas pelas crianças tornam-se mais abstratas, como a clássica pergunta a respeito do nascimento: "Mamãe, de onde vem o bebê?", significando: "Como eu nasci?". Esse tipo de pergunta demonstra o quanto essa criança evolui cognitivamente, então as respostas precisam ser tão inteligentes quanto as perguntas. É necessário também sondar qual é o nível da curiosidade para dosar as respostas. Às vezes, respostas curtas são mais satisfatórias do que longos discursos.

Outro detalhe importante é que a distorção da realidade pode cair em contradição com as informações recebidas pelo meio externo. Cito como exemplo a pergunta formulada por um garoto de 7 anos à sua mãe: "Mamãe, o que é o bebê de proveta?". Por não saber como responder direito, a mãe safou-se da situação dizendo que o bebê de proveta era nome de uma cidade.

Essa fase pode ser bastante estimulada, e além de responder à pergunta do filho, pode-se lançar novas perguntas para que a criança possa pensar a partir de outros ângulos. Essa linha de educação favorece o crescimento de um jovem que questiona o mundo que o rodeia. Como exemplo, cito o Papai Noel – a criança idealiza um homem gordo, que desce pela chaminé e que distribui presentes para todos. A criança poderia ser questionada sobre por onde ele entra, se ele cabe na fechadura, se todo mundo recebe presentes, ou seja, a ideia comercial e as diferenças das classes sociais nesse "ganhar presentes".

A DESCOBERTA DA SEXUALIDADE

Um assunto que traz grande dificuldade para os pais diz respeito à sexualidade da criança. Dividindo didaticamente os problemas enfrentados pelos pais, temos dois tipos: a) como proceder diante das manipulações genitais dos filhos (masturbação); b) como responder às perguntas sobre temas ligados ao sexo.

Desde a tenra idade, a masturbação (ou manipulação) pode acontecer. Disse anteriormente que existe uma fase de desenvolvimento em que a criança tem a satisfação em manipular objetos e que a curiosidade é uma grande alavanca. Com respeito ao corpo, a curiosidade também está presente e, além disso, a manipulação dos órgãos genitais lhe traz prazer devido à estimulação de uma zona fisiologicamente erógena. Isso provoca satisfação e a satisfação provoca a manipulação. Depois de algum tempo, isso deixa de ser curiosidade e a manipulação cessa.

Outro aspecto importante é que grande parte dos meninos tem fimose e essa masturbação pode ajudar até o ponto de não necessitar de uma pequena cirurgia posterior. Às vezes, essa manipulação chega a ser sugerida pelo pediatra, que receita que sejam feitas massagens diariamente pelos pais para solucionar o problema. Na maioria das vezes, a própria natureza (masturbação) encarrega-se de resolvê-lo.

A descoberta do corpo e dos órgãos genitais às vezes é estimulada pelos próprios pais, principalmente – levando-se em consideração os valores culturais – com bebês do sexo masculino, em brincadeiras em que se fazem perguntas como: "Cadê o pipi?", "Onde está o piu-piu?", "Tá segurando o passarinho, filhinho?". As verbalizações dos pais possibilitam a interiorização das palavras usadas, como também do próprio ato motor que a criança está expressando. O ato de segurar o pipi passa a ser a resposta à pergunta do pai, já que nessa idade a criança ainda não fala. Além disso, por ser um órgão visível e saliente, facilita-se sua percepção e sua manipulação.

Com relação ao bebê do sexo feminino, a manipulação também se faz presente, porém não é tão estimulada pelos pais, pois segurar o pipi, no caso do menino, significa a afirmação da masculinidade do filho e, no caso da menina, em nossa sociedade, as qualidades femininas valorizadas são outras, como ser quietinha, não brigar, ser passiva, ser delicada, ser obediente, etc. Isso, para a grande maioria dos pais, é sinônimo de feminilidade. Além disso, por ser um órgão mais interno, é menos visível para a criança.

Nesse processo, a criança começa cognitivamente a interiorizar os valores e as atitudes transmitidas pelos pais com respeito ao seu papel sexual, que será iniciado não só pelo próprio corpo, mas também por brincadeiras proporcionadas pelos pais, ou seja, as "brincadeiras dos meninos" e as "brincadeiras das meninas"; por exemplo: casinha, boneca, carrinho, bola, ser "papai", ser "mamãe". Com respeito a essas brincadeiras, observa-se que existem atitudes que já foram interiorizadas pela criança, como colocar a chupeta na boca da boneca, dar mamadeira, embalar a boneca, sendo que, talvez, pudéssemos estimular a criança a agir de forma diferente, como conversar com a boneca ao invés de silenciá-la com a chupeta ou embalando-a, fazer a boneca mamar em seu peito ao invés da mamadeira, atitudes que contribuem para o desenvolvimento do ser "mãe" no futuro.

Além disso, na forma como essas brincadeiras acontecem, observamos o tipo de internalização da criança com respeito ao seu papel, não só de mãe, mas, sobretudo, de mulher. Ela pode ser levada a pensar que, em seu papel a ser desempenhado futuramente, não existe um espaço para a profissão, para seu trabalho ou para a autorrealização extra maternidade.

MASTURBAÇÃO COMPULSIVA

No processo de desenvolvimento sexual, porém, nem tudo ocorre como deveria. Dificuldades aparecem quando a masturbação torna-se compulsiva e a criança passa longos períodos entretida com a manipulação, a ponto de ocorrerem transformações físicas como pele rosada, suor e, principalmente, apatia pelo mundo ao seu redor. Essa manipulação é desprovida de malícia, tanto que às vezes ela é executada perante qualquer pessoa, pois para a criança isso é apenas um ato fisiológico.

Poderia discutir esses casos partindo do pressuposto de que existe uma idade em que a manipulação é um processo natural e em que a satisfação é também um processo natural. Quando uma criança apresenta o comportamento mencionado, ela desencadeia um processo de autossatisfação, e a satisfação que poderia e deveria advir do meio não consegue ser maior que a da manipulação do próprio corpo. Em outras palavras, poderia dizer que o seu mundo não é tão rico em termos de estímulos externos que supram sua necessidade de busca. Ela fixa-se, então, nesse comportamento de autossatisfação para compensar essa falta.

A progressão desse quadro vai depender das atitudes tomadas pelos pais. Alguns pais acabam punindo a criança, outros procuram ajuda de um profissional, alguns ignoram. Em suma, qualquer tentativa de mudança será feita com o enriquecimento da estimulação externa no sentido do mundo de satisfação, conforme explicado no primeiro capítulo.

Quando esse quadro não é solucionado, ele ultrapassa a esfera da curiosidade sexual e o resultado será uma maior estimulação dessa área, o que poderá produzir um desenvolvimento precoce em relação ao sexo. A resposta dos pais sobre isso geralmente é a punição. A criança passa, então, a não fazer esse comportamento perante os pais, porém a questão não é solucionada. Ao crescer um pouco mais, ela passa a ver o sexo como algo proibido, calcado numa punição que não consegue cognitivamente esclarecer.

Por não entender esse fato, começa a ter cuidado em relação ao pênis. Isso pode ser observado na escola, na hora de ir ao banheiro, com vergonha de mostrar o pipi; tentando esconder que o seu pequeno órgão está ereto; com vergonha de trocar-se na frente de seus colegas. Com isso, vem a diminuição do seu contato social. Tendo seu contato social diminuído, passa a não participar de brincadeiras caraterísticas dessa fase que envolve os órgãos sexuais, como geralmente acontece entre os meninos por volta dos 3 a 4 anos em diante. Essas brincadeiras, em geral, feitas com outras crianças, consistem em fazer "xixi" desenhando figuras no chão, competindo para saber quem consegue fazer xixi mais longe ou mesmo para ver quem consegue fazê-lo nas pernas do papai ou vovô.

Se o quadro não for solucionado nesse período, haverá uma persistência, em silêncio, que acabará por eclodir em outros comportamentos, como baixo rendimento escolar, irritabilidade e agitação, quando a criança entrar para a escola primária ou mesmo na entrada da adolescência.

Enfim, buscar a causa desse comportamento é, antes de tudo, tentar descobrir como a criança reconhece, pensa e o compreende, ou seja, como a criança vê, cognitivamente, esse fato ou se vê em relação a ele.

CAPÍTULO VIII

INICIANDO O JOGO DAS NEUROSES

Todo jogo tem suas regras. Se alguém disser que um jogo não tem regras, essa pessoa acabou de instituir uma. Num relacionamento entre um homem e uma mulher, quer se trate de uma amizade pura e simples, um namoro, ou um casamento, ou correlato, existem regras que são partilhadas.

A união (casamento) não pode ser definida como um ponto de partida nem como um ponto de chegada. Em determinado momento, as pessoas se casam ou se unem. O termo "casamento" ou "união" talvez não seja o mais adequado, porém, ao utilizá-lo, estamos falando sobre a vivência entre um homem e uma mulher, não somente de forma tradicional e convencional, mas também em suas formas alternativas. Voltando à questão inicial, poderíamos perguntar: "Mas o que leva uma pessoa ou um casal a tomar uma decisão?".

Se fôssemos fazer uma enquete entre pessoas que estão em vias de se casarem ou que já se casaram, teríamos respostas diferenciadas conforme as concepções pessoais ou as mais diversas situações; por exemplo: "Eu me casei porque o amava", "Porque ele me completa", "Encontrei minha outra metade", "Por medo de perdê-lo", "Para ter filhos", "Porque ela estava grávida", "Foi uma fuga de meus pais", "Porque Deus disse: 'Crescei e multiplicai-vos'", "Porque todo homem tem que se casar", "Porque cansei de viver sozinho", "Porque meus pais me fizeram casar", "Porque ele era inteligente e bonito", "Porque ele tinha uma boa cabeça", "Porque ele(a) tinha uma boa estabilidade econômica" e, por fim, há aquelas pessoas que não conseguem definir o porquê do próprio casamento.

Dessas respostas, podemos selecionar alguns temas mais amplos, como: continuação ou perpetuação da espécie, sexo, princípios espirituais, obrigação, fuga, interesses financeiros, medo da solidão ou consequência de um processo em desenvolvimento de forma opcional, visando a novos ideais e metas.

CONSTITUIÇÃO DA DINÂMICA FAMILIAR

Os motivos, conscientemente ou não, que levaram o casal a viver junto, denotam traços que influenciarão o tipo de relacionamento posterior e que será parte integrante da dinâmica familiar.

Essa constituição pode ser observada mediante outros aspectos. Também subjacente a essa dinâmica existe a união concretizada, ou seja, com um casamento formal e seus rituais característicos; com uma união sem rituais religiosos ou com apenas uma união sem atributos civis ou religiosos. Na nossa sociedade, a maioria dos casamentos ocorre da forma tradicional (civil e religioso), pois a aceitação social é maior ou quase uma regra.

Além disso, a sociedade procura preservar essa tradição e atribui características de "normalidade", sendo que as pessoas que não seguem essas regras são criticadas e às vezes até marginalizadas. Nos últimos anos, essas regras vêm mudando, e atualmente o "ato de se casar esperando um bebê" parece ser uma característica mais comum do que o fato de casar por casar. Mesmo aí, porém, o casamento ainda é valorizado pelo "belo e gostoso".

A FANTASIA

A fantasia do "belo e do gostoso", sendo consciente, parece não trazer consequências adversas. O problema reside na fantasia que levou ao casamento. É comum as pessoas conjeturarem sobre aquilo que não experimentaram. Fantasia-se sobre o desconhecido, basicamente na experiência do que se viveu, e a tendência é sempre buscar nesse desconhecido algo bem melhor do que vivido.

Ao começar a experienciar a relação a dois, vê-se que o belo e o gostoso não são os únicos elementos nem os mais fortes do relacionamento, que existem condições que exigem adaptação. Nesse ponto, as fantasias começam a se degenerar. Existindo a maturidade para solucionar os entraves, ocorre o crescimento, a adaptação torna-se mais suave e o relacionamento mais flexível. À medida que a adaptação vai sendo concretizada, o elo se fortalece e resistente, constituindo uma dinâmica familiar com regras flexíveis, pensadas e racionalizadas.

Por outro lado, quando somente a fantasia persiste, não ocorre a formação de um elo afetivo resistente. Outro elo, calcado apenas na fantasia, detém como características uma fragilidade e uma grande vulnerabilidade, que podem se constituir numa dinâmica com regras rígidas e frágeis, irracionais e vulneráveis. Sendo essas regras vulneráveis, a dinâmica familiar pode ser interrompida e uma separação do casal evidencia-se. Se isso ocorre, as fantasias de cada um em particular são mantidas e a tendência será a repetição do comportamento anterior em outros relacionamentos. Contudo, se existe um despertar para as condições reais de adaptação, dando início ao amadurecimento, que levará o casal a adotar regras mais pensadas, resistentes e flexíveis, o casamento será mantido.

INFLUÊNCIAS EXTERNAS

Disse anteriormente que nem sempre o casal começa a experiência só a dois. Muitas interferências externas começam a ocorrer ou já ocorreram, resultando desde um casamento fracassado até um casamento espontâneo e planejado.

Uma interferência muito comum é a que vem dos familiares, sentida logo nos primeiros momentos após o casamento ou mesmo ocorrendo de forma imperceptível por longo tempo. Ela parece estar sempre muito presente.

Nos casos de casamentos cuja dinâmica familiar é constituída por regras frágeis, isso facilita as opiniões alheias, que acabam direcionando as decisões do casal e fortalecendo a fragilidade dessas regras. É o caso da mãe ou da sogra, que opina constantemente sobre o que o casal deveria fazer. É o caso do pai ou sogro, que "sempre" procura saber se nada está faltando. Esses exemplos mostram como entram na vida do casal as influências externas.

Se essa interferência encontra respaldo e se mantém, novas interferências começam a surgir. Ao contrário, se o casal se conscientiza de suas consequências, os entraves podem ser resolvidos e o elo é fortalecido.

A influência dos parentes pode ser prevista quando observada a dinâmica familiar de cada cônjuge. Os pais que superprotegem têm a tendência a agir dessa maneira após a união do filho ou da filha, dando sempre razão para o(a) seu(sua) protegido(a). A consequência será idêntica ao mencionado anteriormente: criam-se dificuldades para o casal, pois os pais não deixam que eles resolvam sozinhos seus problemas.

A mãe ciumenta e possessiva tem a tendência a tentar, sempre que possível, atrair sua filha ou filho para perto de si, criando, de certa forma, um abismo entre o casal e fomentando uma separação sutil e imperceptível.

FANTASMAS E SOMBRAS

Um problema frequente, que dificulta o amadurecimento do casal, são os fantasmas e as sombras do passado.

A experiência vivida com relação à própria família cria uma "herança psicológica". Diríamos que, no bojo das relações familiares, os filhos estão expostos ao modo como os pais relacionam-se entre si e com os filhos. Nessa dinâmica familiar, os filhos reconhecem elementos positivos e negativos, que interiorizam. Os comportamentos que eles tiveram como modelo constituirão a "herança psicológica".

Essa interiorização influenciará as maneiras de pensar e resolver os conflitos no relacionamento a dois. Esses fantasmas interiorizados fazem com que os filhos passem a agir de forma semelhante aos pais, carregando a chamada "sombra". Mas a dinâmica não termina aí. Esses filhos, ao se unirem a outra pessoa, podem exigir que o outro adote comportamentos que os pais tinham. Porém, como geralmente as dinâmicas dos familiares do cônjuge são diferentes, podem ocorrer choques e conflitos.

Exemplificando: suponhamos que José tenha vivido em uma dinâmica familiar que tinha como característica principal o conflito e a crise permanentes. José casa-se com Maria, cuja dinâmica deu-lhe condições de independência para resolver seus conflitos e crises. A dinâmica familiar de José e Maria oscilará entre o conflito e a resolução dos problemas. Se José não conseguir banir os fantasmas e as sombras (herança psicológica), a tendência será exigir de Maria comportamentos semelhantes àqueles que ele teve no seu lar. Se isso ocorrer, a dinâmica familiar do relacionamento entre os dois será semelhante à dinâmica familiar dos pais de José. Agora, se o modo de agir de Maria prevalecer, a tendência será banir os fantasmas de José, mostrando-lhe uma nova maneira de se comportar. Nesse caso, uma nova dinâmica será constituída, diferente das dinâmicas familiares às quais estiveram expostos.

O JOGO DO SEXO DENTRO DO CASAMENTO

Existe uma linguagem particular dentro de cada família com relação ao sexo. Quando o relacionamento entre o casal é maduro e consciente, o assunto "sexo" é visto e encarado como qualquer outro assunto do dia a dia do casal. Assim sendo, eles conversam sobre sexo como conversam sobre trabalho, lazer ou necessidades diárias.

Em outras dinâmicas, o assunto: "sexo" pode ser tratado como algo pecaminoso, significando apenas "crescei e multiplicai-vos". Nesse caso, o prazer é imoral. A expressão "necessidade fisiológica ou psicológica" não existe no dicionário dessas famílias. Então, outras formas de comportamento surgem para ocupar esse espaço vazio, por exemplo, uma obsessão religiosa. A frequência em relação a ritos religiosos torna-se compulsiva e obsessiva. Dessa forma, começa a doar-se para atos caridosos, escondendo nessa atitude o não se doar para si, pois isso é egoísmo e a religião crítica. Porém, se não se doa para o marido, muitas vezes não se doa nem para os filhos.

Essa pessoa canaliza para a "fé" todos os seus impulsos de ordem sexual ou outras dificuldades de ordem emocional.

Assim como o sexo pode ser visto como carinho, afeto e amor em um relacionamento harmonioso, surgem outras manifestações, expressas em racionalizações, deslocamentos, somatizações, comportamento de fuga ou agressivos, que são comuns em dinâmicas familiares conflituosas.

RACIONALIZAÇÕES

As racionalizações podem ser descritas como atitudes que tendem a tornar o relacionamento sexual racional, subtraindo dele as emoções como carinho, afeto e amor, na tentativa de não se envolver emocionalmente. Se analisarmos as reações de uma pessoa que age assim nos relacionamentos, verificaremos a frieza e a indiferença emocional como características dela. Em um casal em que predominam as racionalizações, a dinâmica familiar estará circundada por espaços ou rupturas que obstruem um relacionamento mais afetivo. O assunto "sexo" na família é visto puramente de uma forma científica, com explicações científicas, como se o ser humano fosse uma máquina racional sem sentimentos.

DESLOCAMENTOS

Os deslocamentos são mecanismos de defesa em que os sentimentos e as emoções são transferidos para outras situações que aparentemente não envolvem o aspecto sexual. As pessoas deslocam suas energias para várias situações, como trabalho, reuniões sociais, alcoolismo, festas, compras, cuidado com animais, vaidade com relação ao corpo, religião, etc., em uma tentativa de buscar o prazer e a satisfação que não conseguem obter em sua dinâmica familiar.

Deve-se deixar claro que essas atitudes, vistas isoladamente, sem que haja uma associação com uma dinâmica familiar que gera insatisfação, não devem ser interpretadas como um mecanismo de defesa contra a insatisfação, mas como uma busca de satisfação real. Trata-se de um mecanismo de defesa: a pessoa entrega-se ao trabalho para compensar a insatisfação do lar; as reuniões sociais suprem a falta de um relacionamento social afetivo com a família; a bebida substitui a insatisfação em relação ao seu mundo (família, trabalho, relacionamentos sociais); a pessoa vive em festas, busca-as constantemente, com "a alegria mascarando as frustrações em relação"; as compras preenchem o vazio interior com coisas exteriores, como joias, roupas, sapatos, etc., porém cada tentativa resulta em nova frustração ou satisfação momentânea; os animais passam a receber mais carinho do que as pessoas ao seu redor, a pessoa vai a institutos de beleza e estética para fazer uma mudança externa (e artificial), demonstrando a necessidade de transformar sua vida e seus relacionamentos, ou seja, sua insatisfação em relação à sexualidade e meio familiar; a religião e seus ritos são obsessivamente procurados e realizados, como o exemplo citado no início desde item.

SOMATIZAÇÕES E FUGA

As somatizações e os comportamentos de fuga seriam transferências de insatisfação psicológica para o próprio corpo. Eles podem ser analisados sob dois aspectos: inconsciente (somatizações) e consciente (fuga). Vários são os órgãos ou regiões do corpo que podem ser afetados e isso acontece porque a dor física é mais fácil de ser suportada e é percebida mais claramente – e mesmo verbalmente – do que um conflito de ordem psicológico-sexual.

A dor física é muito mais fácil de ser explicada e compreendida do que um conflito psicológico. Esse processo acontece ao nível inconsciente, e a pessoa não percebe o porquê ou a origem do sintoma físico. Nos comportamentos de fuga ocorre o inverso: o sintoma não existe, e a pessoa usa essa forma de agir conscientemente. Nesse caso, a dor é uma desculpa para não agir da maneira que a outra pessoa gostaria, ou seja, essa pessoa é enganada.

Normalmente, numa somatização, os órgãos mais afetados são: os genitais (infertilidade, corrimento sem causas orgânicas, frigidez, impotência, caroços no seio); estômago (úlcera nervosa, gastrite); cabeça (dor); intestino (cólicas e ressecamento); paralisias (pernas, braços, mãos); cegueira, surdez ou "perda de consciência". Às vezes, alergias, distúrbios respiratórios e, sobretudo, distúrbios cardiovasculares são consequências de somatização, assim como uma infinidade de outras manifestações orgânicas.

COMPORTAMENTO AGRESSIVO

O comportamento agressivo pode ter vários significados na dinâmica familiar. Um deles seria aquele em que se inventa um motivo para arranjar uma briga, na qual se descarrega uma agressividade sobre a outra pessoa a fim de manter certa distância afetiva. E como houve a briga, não haverá sexo. As brigas passam a ser a forma que a pessoa usa para evitar que haja interesse no ato sexual.

Mas também há a dinâmica em que se briga para conseguir o ato sexual. Nessa dinâmica, cria-se um momento de insatisfação, dando a impressão de que está tudo acabado. No clímax da discussão, como se fosse para remediar as coisas, acaba-se repentinamente a briga e inicia-se a relação sexual, e o momento de insatisfação é transformado em grande satisfação. Essa é uma maneira que o casal encontrou para relacionar-se sexualmente, já que existe a dificuldade de comunicação sobre o tema "sexo".

O ato sexual também é visto por algumas pessoas como uma *válvula* de escape em que se descarregam as tensões, não só do próprio relacionamento, mas também das pressões e estresse do dia a dia. A insatisfação gerada durante o dia é compensada com uma satisfação momentânea, atuando como um tranquilizante.

Outro fato que ocorre muito no relacionamento sexual é um dos cônjuges se negar a fazer para punir o outro por motivos que nada têm a ver com o sexo em si.

CAPÍTULO IX

MUDANÇA DA DINÂMICA FAMILIAR COM A CHEGADA DOS FILHOS

A chegada dos filhos ocorre de duas maneiras: gravidez ao acaso ou gravidez planejada. Na primeira, os pais são pegos "desprevenidos". Na segunda, tem-se a vantagem de se desejar o filho. Porém, as duas serão bem-sucedidas, dependendo da flexibilidade e da harmonia no relacionamento já estabelecido no casal.

Com a chegada do filho, ocorre uma mudança na afetividade do casal. Algumas mulheres relatam que o marido passa a "tratá-las melhor", "elas ganham presentes". Outras sentem que o marido passa a vê-las como "filhas". Na maioria das vezes, a tendência é aumentar a união e o respeito mútuo do casal. As conversas passam a girar em torno da chegada do filho e os maridos começam a "poupar a esposa" de notícias desagradáveis.

Aos poucos começam a surgir as mudanças físicas no corpo da futura mãe. As mudanças fisiológicas e anatômicas alteram seu corpo e é necessária uma adaptação. Ao mesmo tempo, ocorre uma mudança no comportamento do futuro pai: alguns rejeitam o corpo da esposa e a frequência de relações sexuais pode diminuir ou até se extinguir. Já outros passam a apreciar esse estado e as mudanças, envolvendo-se mais com a esposa.

A CHEGADA DO BEBÊ

Paralelamente a esse acontecimento, começam a ocorrer as expectativas: Como será o parto? Será ele normal? Um menino ou uma menina? Tudo vai dar certo?

Após o nascimento, algumas expectativas serão mantidas e outras desaparecerão. Um exemplo comum é o pai que esperava um menino, que fez todo um projeto com inúmeras fantasias e, então, nasce a "Maria" e não o "José". A fantasia choca-se com a realidade e a mudança da dinâmica familiar é abrupta, e com o tempo podem ocorrer crises.

Os avós da criança costumam se aproximar mais da vida do casal, participando verbal ou concretamente do acontecimento. A dinâmica pode tornar-se competitiva quando os avós disputam o "poder" sobre o neto, o que acaba causando problemas para o casal em seu inter-relacionamento. Essa situação pode até provocar o afastamento dos avós, mas às vezes não diminui a interferência no relacionamento do casal.

Quando na família existem outros filhos, os pais têm a tarefa de prepará-los para a chegada do bebê. O irmão pode ter ciúme do bebê devido à diminuição ou à perda da atenção que ele recebia antes dos pais, que agora é dividida com o bebê. Isso é um fato frequente em psicologia infantil e reveste-se de vários sentimentos. Para exemplificar: uma família tem dois meninos e o casal quer muito uma menina. Quando ela nasce, a atenção é toda voltada para ela. A festa é grande e geralmente o caçula (dependendo da sua idade) ressente-se da perda de atenção de todos.

Em outras famílias, a dinâmica é caracterizada por um forte elo de dependência da criança. Com a chegada do bebê, ela começa a demonstrar essa dependência com certos comportamentos, como birra, regressões (volta a fazer xixi na cama) ou rejeições (principalmente de alimentos e sono). Outras crianças começam a exigir algumas coisas, como acordar durante a madrugada e pedir Coca-Cola.

Em algumas famílias, o nascimento do bebê coincide com o momento em que o caçula atravessa uma fase que requer a atenção constante da mãe em incentivos e estímulos; por exemplo, no processo de exploração ou desenvolvimento da fala. Com o nascimento de outro filho, pode ocorrer uma desaceleração no desenvolvimento da criança mais velha. Ainda, em outras famílias, ocorre uma forma de rejeição ao primeiro filho, provavelmente por ele não ter sido plane- jado, e a mãe passa a diminuir ou até anular o contato e a atenção em relação a ele, instalando-se, então, um quadro de "carência afetiva".

FANTASIAS EM SER MÃE

Quando se trata de uma mulher que está sendo mãe pela primeira vez, ocorre uma grande mudança na estrutura individual e familiar. Às vezes, a nova experiência encontra um espaço real já preparado ou pode ser distorcida por fantasias geradas pelas experiências em sua família, ou em relações próximas.

Essas fantasias são criadas desde cedo, quando começa o jogo infantil. A menina sempre ganha uma boneca; o menino, uma bola. Em outras sociedades e em outros tempos, o primeiro presente era geralmente a expectativa daquilo que se desejava, em termos futuros, para o bebê.

O nascimento do filho de Deus foi marcado com presentes dignos de um rei. A criança, no caso de uma menina, sempre será criada para a maternidade, desde suas brincadeiras até suas atitudes. Essas brincadeiras e atitudes são experienciadas e interiorizadas pela criança, constituindo-se em fantasias futuras. Quando essas fantasias concretizam-se, ocorre um conflito entre elas (herança psicológica) e o real (fato presente).

Agora não se brinca mais de ser mamãe e, sim, assume-se o verdadeiro papel de mãe, em situações concretas e reais, pois a criança precisa ser alimentada, ela chora, fica doente, não dorme em algumas noites, tem febre, dor de barriga, necessita ser trocada constantemente, enfim, necessita dos cuidados e da presença constante da mãe. Esse encargo tão grande vem associado à própria educação, transmitida pelos pais e avós, embutida de valores sociais atribuídos aos papéis sexuais.

À medida que a mãe vai interiorizando o seu papel, ela acaba definindo um papel para o pai, ou seja, ser o protetor da família sem precisar envolver-se com as tarefas diárias, que poderiam ser perfeitamente divididas e compartilhadas. Como consequências para a mãe, podem ocorrer aumento de tensão e estresse, diminuição do tempo de lazer, descuido com a aparência pessoal (vaidade). Consequentemente, ela "deixa" de ser mulher, esposa e amante, a irritação e as brigas aumentam, concretizando-se o jogo das neuroses.

ACABANDO COM O JOGO DAS NEUROSES

Com o aumento do conflito, começa a haver uma disputa para ver "quem tem razão". Como citei no início do capítulo, três situações podem ocorrer: a primeira é a permanência das regras, em que o conflito estende-se e a dinâmica passa a ser o próprio conflito, ou seja, o conflito mantém a dinâmica. A segunda situação são as tentativas para resolver o conflito, o que ocorre com as mudanças das regras; essas mudanças podem ser efetivas ou ilusórias (existe a tentativa, mas elas não se concretizam). Nesse caso, o casal pensa que o assunto está encerrado, porém, ele reaparece ciclicamente.

As buscas externas para a resolução do conflito variam de casal para casal, dependendo da dinâmica familiar a que foram expostos anteriormente, da cultura, do nível intelectual e do nível socioeconômico. O casal procura por ajuda de vários modos e em lugares diversos, por exemplo: em centros de umbanda e centros espíritas; em encontros de casais; conselhos de padres, amigos e parentes; conselhos dos pais, de médicos e de profissionais especializados em terapias de casais.

A terceira situação resume-me no desfecho do conflito, quando o conflito é resolvido (elimina-se a "herança psicológica" e os fantasmas) ou acontece a separação. Se o desfecho for a separação, os filhos podem ser afetados, ocorrendo consequências, às vezes inevitáveis, para eles. As mais frequentes são os sintomas físicos (conscientes e inconscientes) para chamar a atenção para evitar a separação. Esses sintomas físicos aparecem em somatizações, em forma de dor de barriga, palpitação, febre e vômitos, pela não elaboração psicológica da perda afetiva.

Outra manifestação que muitas vezes surge é a agressividade dirigida aos pais para puni-los pelo "mal que eles estão criando", ou mesmo ao ambiente fora do núcleo familiar, para objetos, professores e colegas, generalizando e transferindo toda a sua insatisfação.

A regressão também pode se manifestar e comportamentos enuréticos (fazer xixi durante a noite) podem reaparecer. A sensibilidade e o estado de humor da criança são alterados e o choro reveste-se de uma sensação de abandono, e a menor contrariedade é suficiente para fazer a criança chorar. Outros sintomas, ainda, podem aparecer, como gagueira, tiques, passividade ou inatividade em relacionamentos sociais, alterações do desempenho escolar, omissões, mentiras e pequenos furtos, podendo ocorrer até alterações no desenvolvimento físico em decorrência de um estado de sofrimento psicológico.

Por outro lado, em alguns casos a separação traz consequências positivas, porque ela gera uma sensação de alívio para a criança, pois a situação era de total insatisfação e, então, com a separação, acabam-se as brigas e o nível de insatisfação passa a ser menor.

Em algumas dinâmicas familiares, na tentativa de manter o relacionamento, um dos cônjuges pode usar o filho para tentar persuadir o outro da sua decisão; algumas vezes, tenta-se manipular até o profissional (quando ele for solicitado) que acompanha o caso.

E existem também casos curiosos de casais que preferem manter o conflito e as regras que não estão funcionando, pois, pela característica da dinâmica vivida anteriormente e pela falta de maturidade no relacionamento, eles aprendem a conviver com os "fantasmas" e a separação não é cogitada.

Finalizando, nem todas as separações trazem aspectos psicológicos negativos. Em um número menor de casos ocorre a separação de forma pensada, madura e sensata. Essa separação foi bem elaborada e bem orientada, com os cônjuges procurando respeitar os sentimentos e as ideias um do outro. Essas atitudes são percebidas e sentidas pelos filhos de modo positivo, gerando-lhes um sentimento de segurança, apesar da separação.

Então são elaboradas novas regras de convívio, a separação ocorre de forma tranquila e amena, e o relacionamento não termina, apenas sua forma é modificada – antes, marido e mulher, depois, dois bons amigos. Esse desfecho não transmite aos filhos uma perda afetiva, pois o novo relacionamento garante o elo sentimental.

CAPÍTULO X

RELATOS DE PESQUISAS E ESTUDOS

Poucas pesquisas têm sido feitas no Brasil quanto à educação que a família proporciona à criança.

Em outros países, essas pesquisas têm sido implementadas nos últimos anos, porém ainda não há evidências reais e dados concretos sobre alguns aspectos pesquisados, pois devido à complexidade do comportamento humano, os resultados muitas vezes são contraditórios. Contudo, algumas pesquisas e alguns estudos apontam que certas práticas tradicionais precisam ser reformuladas.

Neste capítulo falarei sobre alguns desses estudos e seus resultados.

A LIGAÇÃO AFETIVA

Dois pediatras norte-americanos, Marshall Klaus[1] e John Kennell[2] (1, 2, 3), juntamente com seus colaboradores, começaram a questionar as práticas habituais nos hospitais americanos – parecidas com as nossas – de separar a mãe do bebê logo após o nascimento. A pergunta básica seria: "O que essa separação provocaria no importante vínculo emocional entre a mãe e o seu bebê?".

---

[1] Marshall Henry Klaus (6 de junho de 1927 - 15 de agosto de 2017) foi um neonatologista que estudou os efeitos do vínculo materno após o nascimento.

[2] John H. Kennell (9 de janeiro de 1922 - 29 de agosto de 2013) foi um médico pediátrico e pesquisador conhecido por seu trabalho quanto ao vínculo materno durante o parto e no apoio às doulas.

Para responder a essa pergunta, montaram um estudo experimental em que analisaram dois grupos semelhantes, compostos de 14 mães cada um, sendo que elas estavam dando à luz ao primeiro filho. Um dos grupos passou pelo atendimento tradicional, ou seja, logo após o nascimento, os bebês foram separados das mães por um período variando de seis a doze horas. Depois desse período, elas ficavam algum tempo com o bebê e amamentavam-nos a cada quatro horas. No outro grupo, o contato ocorreria três horas após o parto e era intensificado, com as mães ficando junto aos seus bebês durante cinco horas.

Os dois grupos fizeram esses esquemas durante três dias e depois, mães e filhos foram para suas casas. Passado um mês, as mães foram entrevistadas e filmadas em sua relação com o bebê. Depois de um ano, foram feitas outras entrevistas e novas observações.

Os resultados demonstraram que, após um mês, as mães do segundo grupo seguravam seus bebês mais próximos de si ao alimentá-los, ao passo que no primeiro grupo, submetido ao esquema tradicional, isso não ocorria.

Depois de um ano, constataram que no segundo grupo as mães falavam mais de seus filhos quando eram perguntadas sobre a volta ao trabalho e no primeiro grupo os relatos incluindo os filhos nesse tema eram mais raros. Eles também perceberam que as mães do segundo grupo socorriam mais rapidamente o bebê quando ele demonstrava alguma sensação de desconforto do que as mães do primeiro grupo.

Concluindo, o tratamento dispensado ao bebê logo nas primeiras horas após o parto parece ter constituído um elo afetivo mais forte da mãe com seu bebê.

Peterson, Mehl e Leiderman (4) estudaram a ligação afetiva dos pais com os seus filhos e constataram que os pais que conviviam com o bebê logo após o nascimento eram mais unidos ou ligados ao bebê seis meses após o nascimento.

Podemos, então, observar que um aspecto importante sobre o elo afetivo é a convivência mãe-pai-bebê logo nas primeiras horas do nascimento.

Outro estudo, de Baruch e Barnett (5, 6), enfatizou a relação afetiva entre pais e filhas. Esses autores constataram que as mulheres que se demonstraram mais seguras em relação a si mesmas e que tinham elevada autoestima eram aquelas cujos vínculos afetivos com seus pais eram bem fortes e que recebiam mais apoio deles.

Michael Lamb[3] (7) sustenta que uma forte ligação afetiva ocorre entre o sexto e o sétimo mês e que, dependendo da ligação ou elo do afetivo, bebês dessa idade preferem os pais e voltam-se para eles quando alguma sensação de desconforto ocorre perante outras pessoas e parentes.

Ross, Kagan, Zelazo e Kotelchuck (8), por sua vez, tentaram medir o grau de ligação afetiva entre os pais e seus bebês e constataram que quanto maior o número de vezes por semana que os pais trocavam as fraldas de seus bebês, mais forte era o elo afetivo.

Conclui-se, então, que quanto maior o tempo de aproximação e de convivência com o bebê, mais forte é o elo afetivo.

O DESENVOLVIMENTO COGNITIVO E A LIGAÇÃO AFETIVA

Schaffer e Peggy Emerson[4] (9) defendem uma posição de desenvolvimento cognitivo e acreditam que a "permanência de objeto" é uma condição necessária para uma ligação afetiva. Essa "permanência" é um momento que o bebê atinge ao descobrir que, após um objeto qualquer (por exemplo, um brinquedo) ser retirado de seu campo visual, ele continua existindo.

---

[3] O trabalho de Michael E. Lamb contribuiu para a compreensão do apego entre pais e filhos e sua influência no desenvolvimento das crianças. O estudo longitudinal de Lamb sobre bebês com suas mães e pais revelou a ampla gama de relacionamentos significativos estabelecidos na primeira infância, enfatizando não apenas o vínculo mãe-filho, mas também a importância do elo pai-filho e de outros relacionamentos significativos, como irmãos e prestadores de cuidados regulares.

[4] "Schaffer e Emerson concentraram-se mais no desenvolvimento de laços sociais, observando que as crianças podem formar múltiplos apegos de força variável. Embora ambas as teorias examinem o processo de apego, elas foram desenvolvidas de forma independente e refletem diferentes perspectivas" (Mcleod, 2024, np).

Foi o educador francês Henri Wallon (1879-1962) (10,11) quem fundamentou, de maneira mais detida e aprofundada, o papel e a importância da afetividade para o desenvolvimento integral. Para Wallon, o homem é resultado de influências *sociais* e *fisiológicas*, sendo os dois aspectos – orgânico e social – fundamentais para o desenvolvimento, especialmente dependentes do contexto sociocultural.

VÔMITO PSICOGÊNICO

Almir del Prette e Zilda del Prette (12, 13, 14, 15, 16, 17, 18), professores do Departamento de Psicologia da Universidade da Paraíba – João Pessoa, juntamente às equipes médicas, de enfermagem e de alunos estagiários de Psicologia, realizaram um interessante trabalho com um bebê de oito meses, sexo feminino, pesando 3,6kg, que foi internada no setor de Pediatria do Hospital Universitário com uma série de sintomas orgânicos (broncopneumonia, desnutrição, anemia carencial e parasitose intestinal). Além desses sintomas, apresentava também um comportamento persistente de vômitos com regurgitação e reingestão de alimentos, que, segundo a equipe médica, não se justificava a partir dos exames efetuados. Portanto, ela demonstrava um grave quadro clínico com sério risco de vida.

Verificando-se a história do bebê, constatou-se que seus comportamentos consistiam em: balbucios, choro, sorriso diante de pessoas conhecidas, alta frequência de levar a mão à boca, tentativa de arrastar-se para pegar objetos, etc.

O tratamento tinha como necessidade a observação e a avaliação psicológica, já que o vômito persistente fazia parte do quadro clínico. Para eliminar o vômito, foi incluída no tratamento uma série de intervenções, das quais citarei algumas, que foram realizadas com a ajuda dos pais e orientação da equipe:

1. Promover a alimentação do bebê, "conversando com ele" durante e após a alimentação.

2. Preencher o intervalo entre as alimentações com atividades agradáveis, como: passeios, cantos, brincadeiras, etc.

Com o trabalho da equipe e com a ajuda dos pais, os resultados obtidos culminaram em diminuição e desaparecimento do vômito e, ao mesmo tempo, com a aquisição de novos comportamentos pela criança, como bater palmas, balbuciar acompanhando o canto e sentar-se sem apoio.

As observações posteriores à sua alta hospitalar, isto é, no convívio com a sua família, constataram que ela continuava se desenvolvendo regularmente, com desenvolvimento comportamental próximo ao esperado para a sua idade. Além disso, o comportamento de vomitar não ocorria mais.

Ou seja, houve a necessidade de intervenção no seu meio familiar (pais) do bebê, para eles conseguirem dar à criança a possibilidade de desenvolvimento, eliminando bloqueios que vinham atrapalhando o processo. Assim, com a retirada da insatisfação, não encontrada de forma visível em seu meio, e com a introdução de situações gratificantes para a criança, mediante atenção e carinho por parte dos familiares, a criança voltou a desenvolver-se, provavelmente pelo fato de a satisfação tornar-se presente.

REFERÊNCIAS

(1) Klaus MH, Kennell JH. Pais/bebê: a formação do apego. Porto Alegre: Artes Médicas; 1993.

Esse estudo avalia a interação mãe-bebê pré-termo e os sinais de desenvolvimento do vínculo afetivo no ambiente hospitalar. A amostra foi composta por nove bebês, de ambos os sexos, nascidos entre 28 e 36 semanas de idade gestacional, sem síndromes ou malformações, e suas respectivas mães. Os instrumentos utilizados foram o prontuário médico e os protocolos da história clínica do bebê e das observações dos encontros das díades.

Os dados foram analisados quanto ao percentual de ocorrências e quanto à análise qualitativa dessas atividades. Esses resultados revelam que as trocas nas interações da díade mãe-bebê foram adequadas em 55,5% nas categorias corporal e vocal, e em 44,4% nas categorias visual e facial. Esses resultados sugerem que são nas trocas do bebê com o cuidador, em sua postura corporal, na modulação da linguagem, no contato visual e em suas expressões faciais que reverberam condutas e respostas nele e em seus pais.

(2) Klaus MH, Kennell JH, Klaus PH. Vínculo: Construindo as bases para um apego seguro e para a independência. Porto Alegre: Artmed; 2000.

O texto a seguir visa fazer uma análise do livro *Vínculo: construindo as bases para um apego seguro e para a independência*, de Marshall H. Klaus, John H. Kennell e Phyllis H. Klaus. No decorrer do livro, ou autores contextualizaram e descreveram o processo de formação do vínculo entre pais e filhos, desde a gestação até o período após o nascimento.

Durante alguns anos, John H. Kennell e Marshall H. Klaus observaram como os pais adaptavam-se ao nascimento de um filho diante das mais diversas situações que o nascimento ocasiona. A partir dessa observação, visto que ambos eram pediatras, decidiram escrever esse livro, tendo como base as várias experiências que presenciaram enquanto profissionais.

Phyllis H. Klaus, que teve uma vasta experiência como psicoterapeuta, também contribuiu para a elaboração desse livro. Essa autora trabalhava basicamente com casos de famílias que apresentavam alguns aspectos diferenciados quanto ao ajustamento ao novo bebê. Além disso, assistia às mulheres que enfrentavam problemas médicos e psicológicos, e até traumáticos, durante a gravidez.

Segundo os autores, o termo vínculo refere-se ao elo entre os pais e a criança, enquanto o termo apego refere-se ao elo da criança com os pais. Porém, no decorrer de sua obra, usa ambos os termos para descrever e esclarecer o processo da formação do vínculo.

Os autores colocam que a formação do vínculo entre pais e filhos dá-se desde o início da gravidez. Se a gravidez foi ou não planejada, e os sentimentos dos pais em relação ao ser que está no ventre da mãe, têm influência direta na formação desse processo.

(3) Klaus MH, Kennell JH, Robertson SS, Sosa R. Effects of social support during parturition on maternal and infant morbidity (Efeitos do apoio social durante o parto na morbidade materna e infantil). Br Med J (Clin Res Ed). 1986; 293(6547):585-587. ISSN 0267-0623. JSTOR 29524398. PMC 1341377.

Como o apoio social contínuo durante o trabalho de parto é um componente dos cuidados em muitas sociedades, mas inconsistente na nossa, foram estudados os efeitos clínicos do apoio durante o trabalho de parto na morbidade materna e neonatal. O apoio social foi fornecido por acompanhantes. Quatrocentas e sessenta e cinco mulheres primigestas saudáveis foram inscritas utilizando um desenho randomizado.

Em comparação com 249 mulheres em trabalho de parto sozinhas, 168 mulheres que tiveram acompanhantes femininas que as apoiaram durante o trabalho de parto tiveram significativamente menos complicações perinatais (p menor do que 0,001), incluindo cesarianas (7% v 17%, p menor do que 0,01) e aumento de ocitocina (2% v 13%, p menor do que 0,001) e menos bebês internados em terapia intensiva neonatal (p menor do que 0,10).

Das mulheres que tiveram um trabalho de parto sem complicações e sem necessidade de intervenções, aquelas com acompanhante tiveram uma duração do trabalho de parto significativamente mais curta (7,7 horas v 15,5 horas, p menor do que 0,001).

Esse estudo sugere que o apoio humano constante pode ser de grande benefício para as mulheres durante o trabalho de parto.

(4) Peterson GH, Mehl LE, Leiderman PH. O papel de algumas variáveis relacionadas ao nascimento no apego paterno. *Am J Orthopsychiatry [Internet]. 1979; 49*(2):330-338. Disponível em: https://doi.org/10.1111/j.1939-0025.1979.tb02614.x

Quarenta e seis casais de renda média planejando diferentes métodos de parto – parto hospitalar natural; entrega em domicílio; parto hospitalar com anestesia – foram estudados desde o sexto mês de gestação até seis meses após o nascimento. A participação do pai no nascimento e a sua atitude em relação a ele constituem a variável mais significativa na previsão do apego paterno. Sugere-se a educação pré-natal e a estruturação do ambiente do parto para obter a máxima participação e envolvimento dos pais. (Registro de banco de dados PsycINFO (c) 2017 APA, todos os direitos reservados).

(5) Baruch GK, Barnet RC. Consequences of fathers participation in family work: parents role strain and well-being (Consequências da participação dos pais no trabalho familiar: tensão e bem-estar do papel dos pais). J Pers Soc Psychol [Internet]. 1986; 51(5):983-992. Disponível em: https://doi.org/10.1037//0022-3514.51.5.983. ISSN: 0022 3514.

A relação entre a participação dos pais no trabalho familiar (cuidar dos filhos e de tarefas domésticas) com a tensão e o bem-estar do papel deles foi examinada num estudo de entrevistas com 160 pais e mães caucasianos de classe média, de crianças do jardim de infância e da quarta série. Em metade das famílias, as mães estavam empregadas. Foram examinadas quatro formas de participação paterna.

Os itens de tensão de função referiam-se a problemas imediatos e específicos, como restrições de tempo e energia e conflitos de função. As medidas de bem-estar avaliaram a autoestima, a satisfação com a vida e a qualidade da experiência nos papéis parentais e conjugais. Análises de regressão, realizadas separadamente para pais e mães, indicaram que, contrariamente ao esperado, quando o nível de participação dos pais era controlado, o emprego materno não condicionava a relação entre a participação e as variáveis de resultado.

Os resultados variaram para as diferentes formas de participação. Para os pais, níveis mais elevados de participação foram associados a sentir-se mais envolvidos e competentes como pais e a serem mais críticos em relação aos padrões e à parentalidade das esposas. Para as mães, aquelas cujos maridos eram mais participantes, elogiaram a parentalidade dos seus maridos, mas tinham menor satisfação com a vida e eram mais autocríticas quanto ao equilíbrio entre trabalho e responsabilidades familiares.

(6) Baruch GK, Barnett R. Role quality, multiple role involvement, and psychological well-being in midlife women (Qualidade do papel, envolvimento em múltiplos papéis e bem-estar psicológico em mulheres de meia-idade). J Pers Soc Psychol. 1986; 51(3):578-585.

A relação entre a participação dos pais no trabalho familiar (cuidar dos filhos e de tarefas domésticas) com a tensão e o bem-estar do papel deles foi examinada num estudo de entrevistas com 160 pais e mães caucasianos de classe média, de crianças do jardim de infância e da quarta série. Em metade das famílias...

(7) Lamb ME. The role of the father in child development. 5. ed. Hoboken: John Wiley & Sons; 2010.

A referência definitiva sobre o importante papel que os pais desempenham no desenvolvimento infantil hoje.

Michael Lamb – a autoridade reconhecida no papel dos pais no desenvolvimento infantil, *O papel do pai no desenvolvimento infantil*, quinta edição, reúne contribuições de especialistas internacionais em cada assunto para fornecer um resumo completo e atual do estado de paternidade em todas as culturas, classes, sistemas econômicos e formações familiares. Esse guia clássico oferece uma referência de fonte única para as descobertas e as crenças mais recentes relacionadas ao pai e à paternidade. Essa nova edição, totalmente atualizada, fornece o material mais recente sobre tópicos como:

- Os efeitos do divórcio.
- Pais de baixa renda.
- A vida dos padrastos: explorando o contexto social e a complexidade interpessoal.
- Política social.
- Pais gays.
- Paternidade e masculinidade.

O livro definitivo sobre quando, por que e como os pais são importantes para seus filhos e famílias, *O papel do pai no desenvolvimento infantil*, é uma referência essencial para todos os profissionais de saúde mental que se esforçam para compreender e apoiar os pais para que se tornem influências positivas no desenvolvimento de seus filhos.

Michael E. Lamb, PhD, é professor de Psicologia em Ciências Sociais, Universidade de Cambridge, e atuou como chefe da Seção de Desenvolvimento Social e Emocional do Instituto Nacional de Saúde Infantil e Desenvolvimento Humano. Sua pesquisa atual está preocupada com a avaliação, a validação e a facilitação de relatos de crianças sobre abuso sexual; os efeitos da violência doméstica no desenvolvimento das crianças; os efeitos dos padrões contrastantes de cuidados na primeira infância nas crianças e em suas famílias; e a descrição dos primeiros padrões de cuidado infantil em diversas ecologias socioculturais.

(8) Ross G, Kagan J, Zelazo P, Kotelchuck M. Separation protest in infants in home and laboratory (Protesto de separação em bebês em casa e no laboratório). Dev Psy. [Internet]. 1975; 11(2):256-257. Disponível em: https://doi.org/10.1037/h0076465.

Observações de crianças de 6, 9,12,18 e 21 meses em suas casas mostraram que elas brincavam menos, choravam mais e permaneciam mais tempo perto da saída quando deixadas sozinhas com um estranho do que quando deixadas sozinhas com qualquer um dos pais. As crianças testadas em laboratório apresentaram maior sofrimento do que as crianças testadas em casa quando deixadas com o estranho. Não foram encontradas diferenças entre ficar com a mãe ou com o pai.

(9) Mcleod S. Stages of attachment identified by John Bowlby and Schaffer & Emerson (1964) (Estágios de apego identificados por John Bowlby e Schaffer & Emerson [1964]). Simply Psychology [Internet]. 2024 [acesso em 2024 jan 24]. Disponível em: https://www.simplypsychology.org/stages-of-attachment-identified-by--john-bowlby-and-schaffer-emerson-1964.html.

John Bowlby estava particularmente interessado no vínculo mãe-filho e em seu impacto no desenvolvimento psicológico da criança. Em contraste, Schaffer e Emerson concentraram-se mais no desenvolvimento de laços sociais, observando que as crianças podem formar múltiplos apegos de força variável. Embora ambas as teorias examinem o processo de apego, elas foram desenvolvidas de forma independente e refletem diferentes perspectivas.

(10) Bezerra RJL. Afetividade como condição para a aprendizagem: Henri Wallon e o desenvolvimento cognitivo da criança a partir

da emoção. R Didát Sist [Internet]. 2010; 4:20-26. Disponível em: https://periodicos.furg.br/redsis/article/view/1219.

As ideias de Henri Wallon sobre afetividade e emoção constituem-se num aparato teórico psicogenético de inestimável valor para o entendimento das formas de aprendizagem na realidade escolar. Procuramos compreender a aprendizagem a partir da teoria walloniana da emoção e seu contributo para uma educação escolar muito mais profícua.

Henri Wallon (1879-1962) foi quem fundamentou, de maneira mais detida e aprofundada, o papel e a importância da afetividade para o desenvolvimento integral. Para Wallon, o homem é resultado de influências sociais e fisiológicas, sendo os dois aspectos – orgânico e social – fundamentais para o desenvolvimento e especialmente dependentes do contexto sociocultural.

(11) Veer R. Henri Wallon's theory of early child development: the role of emotions (Teoria do desenvolvimento infantil de Henri Wallon: o papel das emoções). Dev Rev. 1996 dec; 16(4):364-90. DOI: 10.1006/drev.1996.0016. PMID: 8979855.

Para se entender as atitudes das crianças, é importante resgatar os fios da trama que constituíram esse sujeito. Nesse sentido, a teoria da emoção preconizada por Wallon (1996) traz algumas possibilidades de reflexão.

A teoria de Wallon baseava-se na premissa de que a criança deveria ser entendida de uma forma holística, completa. A pessoa deveria ser compreendida em seus aspectos biológicos, social e intelectual. Por isso, essa teoria era comumente chamada de Teoria da Psicogênese da Pessoa Completa.

O presente artigo apresenta um relato de parte da teoria dos estágios do desenvolvimento da primeira infância do teórico francês Henri Wallon (1879-1962). Ao contrário do seu contemporâneo Jean Piaget, Wallon concentrou os seus esforços na descrição do desenvolvimento emocional da criança e no papel que as emoções desempenham no estabelecimento do vínculo entre a criança e o cuidador.

A descrição da teoria dos palcos de Wallon é precedida de informações biográficas e de uma apresentação de suas visões metodológicas. Argumenta-se que a teoria de Wallon é única em seu enfoque, exerceu influência sobre teóricos como Lev Vygotsky e é basicamente compatível com as percepções modernas sobre a natureza do desenvolvimento infantil e o crescimento da intersubjetividade.

(12) Pereira S, Del Prette Z, Del Prette A. A importância das habilidades sociais na função do técnico em segurança do trabalho. R Arg 2004; 6(12):103-113.

Os atuais contextos social e econômico são marcados por intensas mudanças, transformações e adaptações, e passaram a exigir dos profissionais um melhor repertório de habilidades sociais. Esse artigo analisa a competência social profissional do técnico em Segurança do Trabalho, com base na aplicação do Inventário de Habilidades Sociais (IHS-Del-Prette) e entrevista semiestruturada com 20 profissionais formados para essa função, e na análise da especificidade das competências técnicas e sociais inferidas como pré-requisitos para o cargo a partir de anúncios de vagas em dois jornais de grande circulação nacional.

Os resultados obtidos no IHS-Del-Prette indicaram que a maioria dos participantes tinha bom repertório de habilidades sociais, o que foi também valorizado nas entrevistas. Contudo, a análise das ofertas de empregos para essa função sugeriu que os setores contratantes negligenciam as habilidades interpessoais e enfatizam apenas a competência técnica. São discutidas as implicações desses resultados para a função do técnico em Segurança do Trabalho em nosso meio.

(13) Oliveira EZ. Psicologia das habilidades sociais na infância: teoria e prática. Aval. Psicol. 2005; 4(1).

Zilda Aparecida Pereira Del Prette e Almir Del Prette, professores da Universidade Federal de São Carlos (UFSCar), pesquisadores da área de Habilidades Sociais, oferecem sua obra voltada para a prática da psicologia clínica e educacional, por meio do Treino de Habilidades Sociais (THS). Atentos para a necessidade de desenvolver as habilidades sociais de crianças e jovens, os autores reúnem no livro *Psicologia das habilidades sociais na infância: teorias e práticas*, técnicas de intervenção e treinamentos de habilidades sociais, que visam melhorar a qualidade de vida. A obra, composta de 13 capítulos, é dividida em três partes, a saber: visão geral e conceitos básicos, que se destina a esclarecer e orientar os profissionais em relação às habilidades sociais em uma perspectiva teórica.

(14) Del Prette Z, Del Prette A. Psicologia das habilidades sociais na infância. 5. ed. Petrópolis: Vozes; 2005.

Del Prette e Del Prette (2005) destacam que as habilidades de evitação ou solução de problemas interpessoais estão articuladas às demais, complementando as assertivas e empáticas quando o objetivo é garantir maior satisfação pessoal e manutenção da qualidade da relação.

Dentre as principais hipóteses explicativas para as dificuldades interpessoais estão: o déficit de aquisição (ausência total de habilidade requerida), déficit de desempenho (presença ocasional de habilidade requerida) e o déficit de fluência (habilidade emitida sem a proficiência requerida para produzir os resultados esperados), inibição mediada pela ansiedade (esquiva e fuga de situações), inibição cognitivamente mediada (problemas de crenças, expectativas, padrões negativistas ou perfeccionistas de pensamento), problemas de percepção social (ausência ou alterações na decodificação de sinais sociais) e problemas de processamento de estímulos do ambiente (demora na discriminação de símbolos, déficit de atenção, decodificação de sinais sociais alterada por estereótipos, falha na identificação de alternativas).

(15) França-Freitas MLP, Del Prette Z, Del Prette A. Habilidades sociais e bem-estar subjetivo de crianças dotadas e talentosas. Psico-USF. 2017; 22(1):1-12.

O desenvolvimento socioemocional de crianças dotadas e talentosas ainda é objeto de controvérsias na literatura especializada. Esse estudo visou avaliar a relação entre habilidades sociais e bem-estar subjetivo a crianças dotadas e talentosas e identificar o poder preditivo da primeira variável sobre a segunda. Participaram 269 crianças, de ambos os sexos, identificadas como dotadas e talentosas, de 8 a 12 anos, que responderam a instrumentos padronizados de medida das habilidades sociais e de bem-estar subjetivo.

Os resultados mostraram que um repertório elaborado de habilidades sociais está associado à percepção de maior bem-estar subjetivo, podendo, inclusive, predizê-lo, ou seja, aumentando a probabilidade de relato de afetos positivos, autoconfiança, autoestima e bom-humor, entre outros aspectos.

(16) Del Prette Z, Del Prette A. Desenvolvimento interpessoal e educação escolar: o enfoque das habilidades sociais. Temas Psicol. 1998; 6(3):217-229. ISSN 1413-389X.

O campo teórico-prático das habilidades sociais vem sendo progressivamente explorado no âmbito da Educação e dos processos educativos em geral. No caso específico da escola, os estudos remetem-se a questões conceituais, metodológicas e empíricas associadas tanto à análise e à melhoria do processo de ensino-aprendizagem como à discussão dos produtos ou objetivos da educação escolar.

Algumas dessas questões são examinadas nessa pesquisa, apresentando-se estudos sob três vertentes: a) a relação entre as habilidades interpessoais profissionais do professor e as condições sociais de ensino por ele estabelecidas em sala de aula; b) as habilidades sociais dos alunos, como objetivos de uma educação comprometida com a formação de cidadania e a preparação para a vida social; c) o papel das habilidades sociais e da competência social como correlato ou fator de aprendizagem acadêmica. São apresentados alguns resultados de pesquisas prévias e novas questões de pesquisa sob cada uma dessas vertentes.

(17) Del Prette ZAP, Del Prette A. Desenvolvimento interpessoal e educação escolar: o enfoque das habilidades sociais. Temas Psicol [Internet]. 1998 [acesso em 2024 abr 9]; 6(3):217-229. Disponível em: http://pepsic.bvsalud.org/scielo.php?script=sci_arttext&pid=S1413-389X1998000300005&lng=pt&nrm=iso

O campo teórico-prático das habilidades sociais vem sendo progressivamente explorado no âmbito da Educação e dos processos educativos em geral. No caso específico da escola, os estudos remetem a questões conceituais, metodológicas e empíricas associadas tanto à análise e à melhoria do processo de ensino-aprendizagem como à discussão dos produtos ou objetivos da educação escolar.

Algumas dessas questões são examinadas nessa pesquisa, apresentando-se estudos sob três vertentes: a) a relação entre as habilidades interpessoais profissionais do professor e as condições sociais de ensino por ele estabelecidas em sala de aula; b) as habilidades sociais dos alunos, como objetivos de uma educação comprometida com a formação de cidadania e a preparação para a vida social; c) o papel das habilidades sociais e da competência social como correlato ou fator de aprendizagem acadêmica. São apresentados alguns resultados de pesquisas prévias e novas questões de pesquisa sob cada uma dessas vertentes.

(18) Del Prette ZAP, Del Prette A. Avaliação de habilidades sociais de crianças com um inventário multimídia: indicadores sociométricos associados à frequência versus dificuldade. Psi Est [Internet]. 2002; 7(1):61-73. Disponível em: https://doi.org/10.1590/S1413-73722002000100009

A literatura sobre avaliação da competência social e das habilidades sociais é permeada de resultados controvertidos, provavelmente devido ao uso de diferentes indicadores, informantes e conceitos norteadores. Dada a relevância dessas questões, em particular da autoavaliação de crianças, e a relativa escassez de estudos a seu respeito, esse artigo relata uma pesquisa que teve por objetivo comparar diferenças e semelhanças em algumas propriedades psicométricas, associadas a indicadores de frequência e dificuldade de desempenhos sociais obtidos com o "Inventário multimídia de habilidades sociais para crianças" (IMHSC-Del-Prette).

O IMHSC-Del-Prette foi aplicado inicialmente a 406 escolares de 7 a 13 anos (média = 8), de ambos os sexos, com diferentes graus de dificuldade de aprendizagem, e reaplicado um mês depois, com 191 (47%) estudantes dessa amostra. Os resultados foram mais favoráveis ao indicador de dificuldade do que ao de frequência nos seguintes aspectos: simetria na distribuição dos escores, consistência interna, correlação entre teste e reteste, índices de discriminação entre itens e escores e estrutura fatorial (quatro ao invés de três fatores). São discutidas as implicações metodológicas e as práticas desses resultados, indicando-se novas direções de pesquisa.